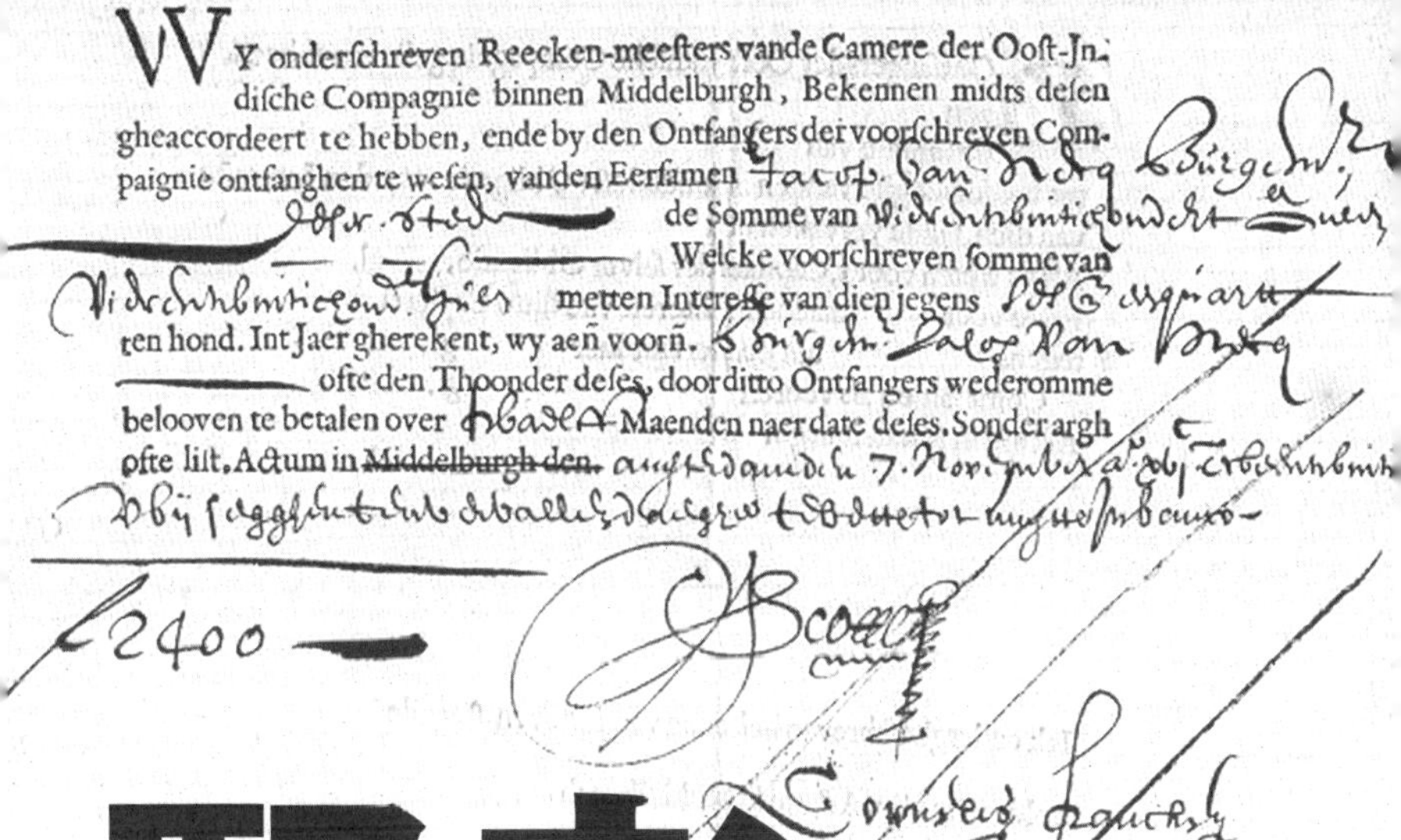
VVY onderschreven Reecken-meesters vande Camere der Oost-Jn. dische Compagnie binnen Middelburgh, Bekennen midts desen gheaccordeert te hebben, ende by den Ontfangers der voorschreven Compaignie ontfanghen te wesen, vanden Eersamen de Somme van Welcke voorschreven somme van metten Interesse van dien jegens ten hond. Int Jaer gherekent, wy aen voorn. ofte den Thoonder deses, door ditto Ontfangers wederomme belooven te betalen over Maenden naer date deses. Sonder argh ofte list. Actum in ~~Middelburgh den.~~

賢者の投資

金融危機の歴史に学ぶ

野村ホールディングス取締役会長
古賀信行［監修］

野村證券投資情報部
佐々木文之［編著］

東洋経済新報社

はじめに

野村證券が産声を上げた1925年は、米国ではチャールズ・チャップリンが「黄金狂時代」を監督、脚本、主演した年でした。あまりにも有名な彼が靴を食べるシーンは資本主義の厳しさを物語り、最後に金鉱を探し当て百万長者になるハッピーエンドのくだりはアメリカンドリームを彷彿とさせます。

日本では大正14年、まさに大正デモクラシーのさなかであり、普通選挙法（25歳以上の男子に選挙権付与）が公布された年でした。1923（大正12）年に起きた関東大震災からの復興過程でもありました。

それ以降の90年を振り返ると、株式相場にとって良いことだけでなく、世界大恐慌、第2次世界大戦を経て、戦後のインフレ期、ニクソンショック、二度のオイルショック、ソ連邦の崩壊、日本のバブル崩壊、アジア通貨危機、ITバブル崩壊、さらに記憶に新しいところでは、リーマンショックと呼ばれる世界金融危機など、実にさまざまな出来事が起きました。

2008年に発生した今般の世界金融危機は、この1925年の4年後の1929年に起きた世界大恐慌以来の金融危機とされ、デフレの原因や、金融政策、財政政策などデフレ回避のための処方箋について議論が行われるたびに、世界大恐慌、昭和恐慌の歴史が頻繁に引用されました。特に、米国のニューディール政策、日本の高橋財政の有効性に関する議論が活発に行われました。あらためて、歴史を知る、歴史に学ぶことの重要性を感じさせられました。

2015年もさまざまなことが起こりました。米国が金融政策を2004年以来11年ぶりとなる引き締め政策へ転換を図ろうとするなか、中国経済の減速に対する懸念や、中国株式市場の大変動も加わり、世界の市場の変動が増幅しました。

その一方で、ターニングポイントとなる事象も発生しました。東証1部の時価総額が、1989年12月末に日経平均株価が史上最高値を付けたときの時価総額を上回ったのです。昭和バブルの清算がようやく済んだような気がしました。

歴史に学ぶことの重要性については、古《いにしえ》よりさまざまな哲学者、政治家、歴史家が格言を残していますが、共通している認識の1つは、「いつの時代も人間の本性に変わりはない」との見立てではないでしょうか。

「知識」とは知っていることに過ぎませんが、「知恵」とは理を悟って適切に行動に活かす能力です。歴史を知るだけではなく、歴史の背景をなす時代時代の人間の心理を探り、実際の行動に活かして初めて「学ぶ」ことになります。これこそが「歴史に学ぶ」ことだと思います。

また、日々相場に携わっていますと、「いつか見たような」と思われる局面があります。これは決して「デジャブ」ではなく、実際、過去にかなり似通った相場の動きがあるものです。これらの発生事象の事実関係をきちんと知ることがまず重要です。と同時に、その時代背景をなす人々の心理状態に思いを馳せることもまた重要である気がします。

市場は時代背景とともに変動します。今日は昨日までの歴史の延長線上に存在し、明日は今日までの歴史の延長線上に存在する、のも事実ですが、一方では、今日は、明日は、昨日や今日の延長線上にないこともあります。歴史に学び、時代背景を考察し、今がいずれの時なのか見極める力を養うことが大切です。

こうした力を元にした「歴史観」を持つことが、投資を考えるうえでとても重要です。私もこれまで幾度となく歴史に学び、参考にしてきました。株式市場は、時代の先を映し出すバロメーターです。株式投資を通じて、将来の成長機会を早目に取り込むことが可能となります。

資産形成に成功するためには、投資に関して一定の時間軸を自らのなかに確立させることが極めて重要です。ところが、危機を前にすると、例えば、長期投資のつもりがすぐに売りたくなり、あるいは目先の株価の上下にどうしても一喜一憂しがちになります。

一定の時間軸を持つためには、歴史に学ぶことが何よりも肝要だと思います。危機の歴史に学ぶことで、やがては価格反転の機会が訪れることが往々にして起きることを理解できます。危機の際に株価などの資産価格が下落する局面を、逆に投資のチャンスと発想することも十分可能です。

長期にわたる資産形成の過程では、地政学リスク、経済危機、金融危機が発生し、資産価格が大きく下落する局面もあります。こうした逆境を乗り越えて資産形成に成功していただくために、本書では、過去に起きた主な経済危機、金融危機の歴史をひも解きました。

歴史に学ぶことで、自分の投資の時間軸が定まります。「グローバルに」「分散して」「長期にわたって継続的に」投資することができます。資産形成で大切なことは続けることです。「継続こそ力なり」です。

本書がみなさまの資産形成に少しでもお役に立つことを願い、巻頭の言葉とさせて頂きます。

2015年春待月

野村ホールディングス取締役会長　古賀信行

目次

Part 2

金融危機の歴史に学ぶ

*本書は、投資判断の際の参考となる情報提供を目的として、著者が自らの経験および独自に調査した結果に基づき執筆したものであり、所属する組織・団体の意見を代表するものではありません。また、本書は、投資勧誘を目的として作成したものではなく、将来の投資成果を保証するものではございません。銘柄の選択、投資に関する最終的な決定は必ずご自身の判断で行ってください。なお、使用するデータ及び表現等の欠落・誤謬等につきましては、著者はその責を負いかねますのでご了承ください。

Part 1

投資家にとって大切なこと

「グローバル、分散、長期」が資産形成の成功の秘訣

まずは図1－1をご覧ください。これは、国内株式、外国株式、国内債券、外国債券の4種類を対象に投資した場合のリターンです。最も高いリターンを挙げたのは、4種類の資産へ25％ずつ均等に投資した場合です。

例えば、手元に100万円の資金があったとします。100万円をこの4種類の資産へ均等に、すなわち25万円ずつ投資した場合、元本が2015年3月末において4・6倍の461万円に増えています。為替はヘッジしないと仮定しています。年率に換算した利回りは5・8％となります。

国内株式と外国債券（為替ヘッジなし）に50％ずつ投資した場合は297万円、国内株式と国内債券に50％ずつ投資した場合は193万円、国内株式に100％投資した場合は100万円、となります。

ここでは1987年度末に投資を開始したと仮定しています。その後、アジア通貨危機、日本のバブル崩壊、ITバブルの崩壊、リーマンショックなど、さまざまな経済危機、金融危機が起こりました。また、超円高の局面もありました。

図1-1　グローバル分散投資効果

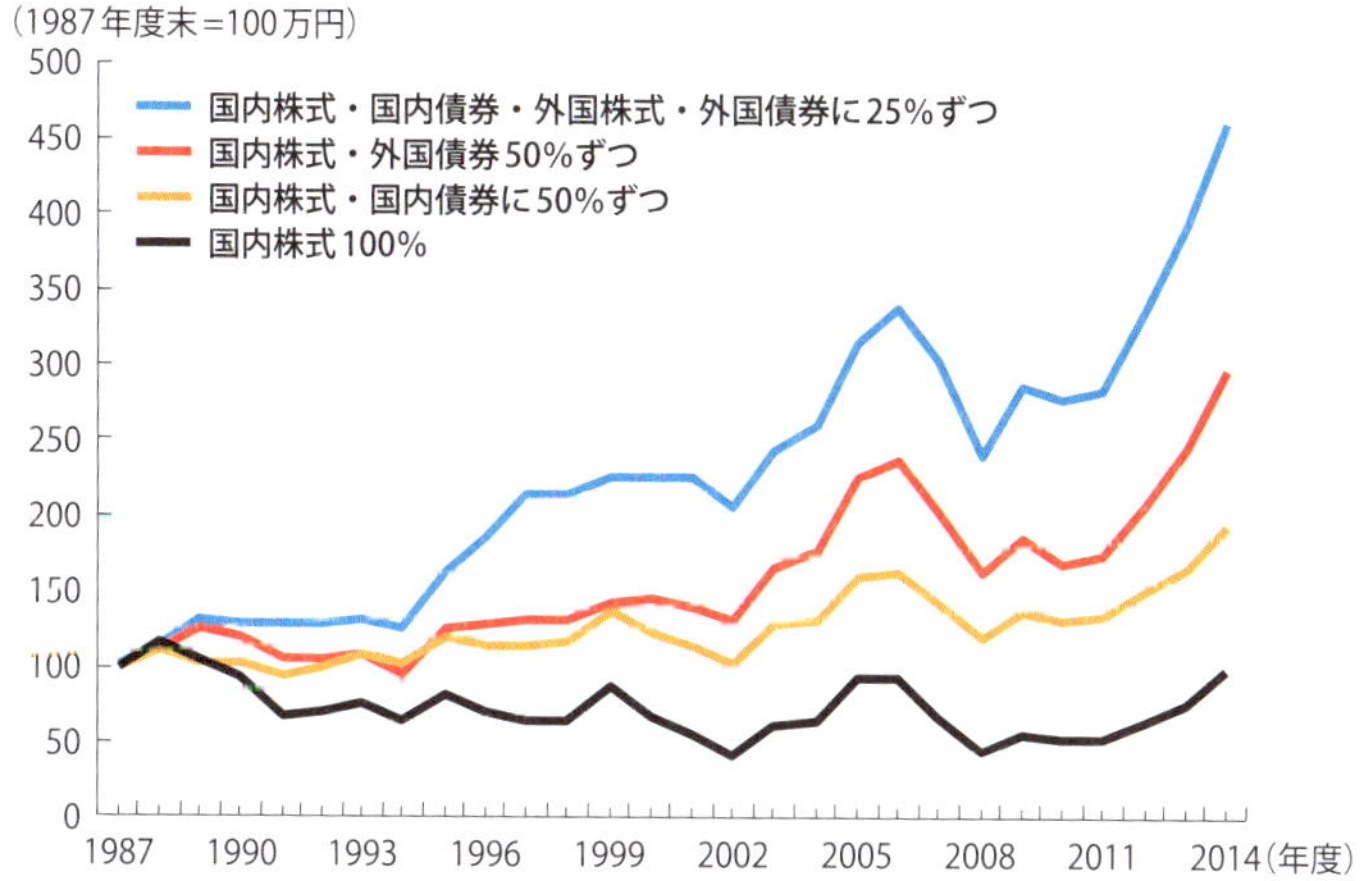

（注1）算出期間は1988年3月末から2015年3月末まで。
（注2）各年度末にリバランス（投資比率を当初比率に調整）したとして算出している。リバランスにかかるコストや税金などは考慮していない。
（注3）本資料のシミュレーション結果は特定の前提条件の下、簡易な手法にて行われている。当該結果は前提条件の異なるもの、より精緻な手法によるものなどとは異なる結果になることがある。また当該結果は将来の結果を保証するものではない。
（注4）外国株式、外国債券は為替ヘッジなし。
（出所）各データより野村證券投資情報部作成。

これらの経緯の詳細はPart 2に譲りますが、このような困難な局面を乗り切って良好なリターンを挙げることができたのは、「グローバルに」「分散して」「長期にわたって継続的に」投資するからです。

危機が起こると、どうしても資産を売却する動機に駆られがちですが、相場下落時に売却して投資を中止する行動は合理的とは言えません。もちろん、売却によって利益が生じることもありますが、投資を中止してしまうことは、中長期で資産を形成する目的と整合的ではないのです。

また、バブル崩壊後、日本の株

価は長らく低迷しましたので、バブル期に購入した特定の銘柄を、やむなく売却して損を被られた方や、売るに売れない方もいらっしゃると思います。しかし、国内株式を「指数」という形で分散投資した場合、図1－1のとおり、2015年3月末で100万円に回復しています。「継続こそ力なり」です。

中長期で投資する際、国内株式だけに投資するのではなく、国内株式に国内債券を加えたほうが、さらに海外の株式、債券を加えたほうがより分散効果が発揮されます。株式と債券の分散効果については後ほど説明します。図1－1は「グローバルに、分散して、長期にわたって継続する」ことが資産形成の秘訣であることを物語っています。

それでは、グローバル分散投資がいかに有効かをご理解頂くために、株式、債券、為替のそれぞれの資産の特性を踏まえたうえで、時間も含めた分散投資の効用についてお話ししましょう。

資産形成の中心となる株式

「株式投資は資産形成に役立ちます」と聞いても、1990年のバブル崩壊以降の我が国の株式市場の価格推移を見れば、その実感が湧かない方は多いでしょう。しかし、1990

図1-2　東証1部上場企業の株価パフォーマンス

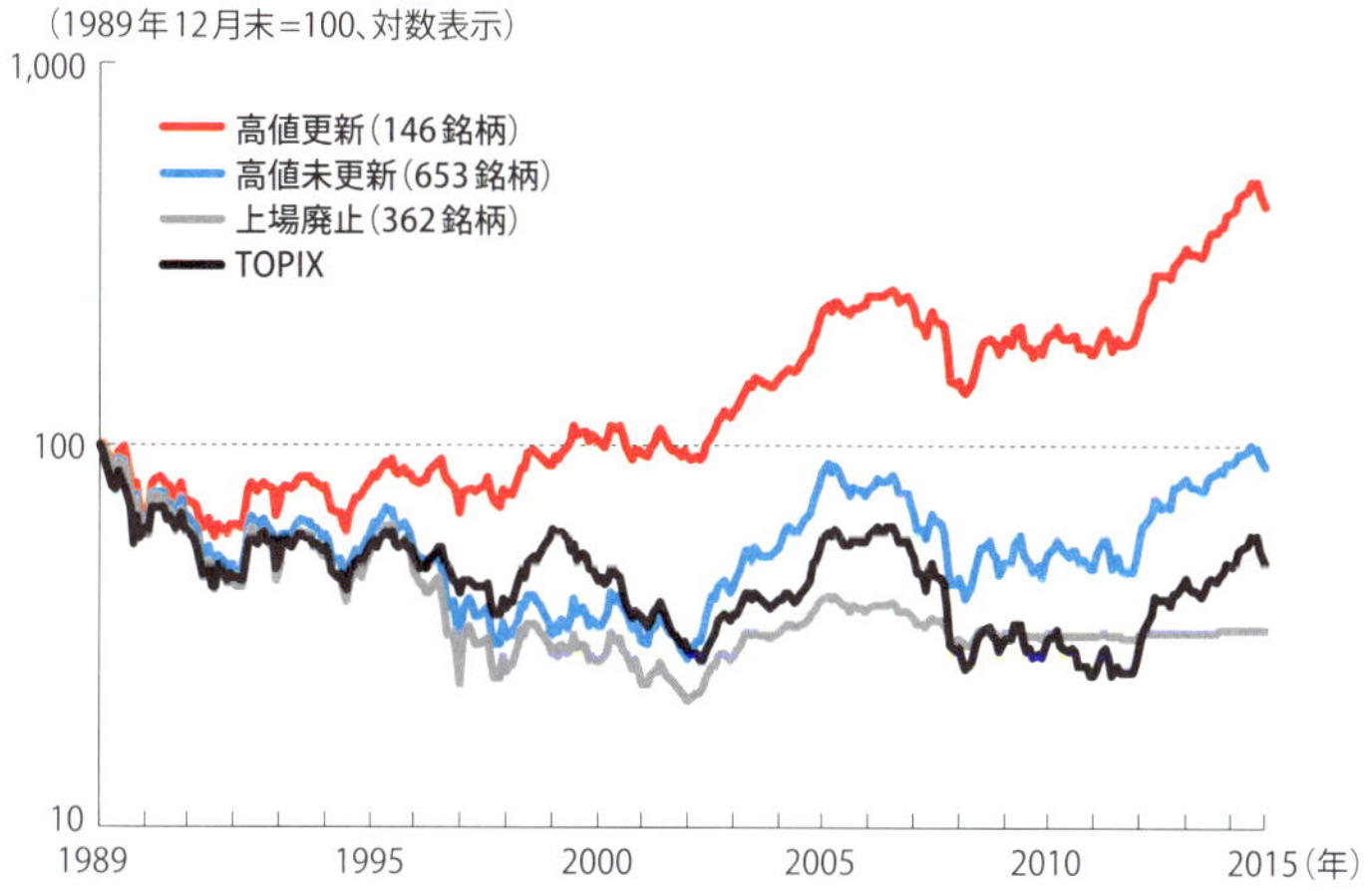

(注) 1989年12月末時点で東証1部に上場している企業で現在も同一証券コードで上場している企業のうち、①2015年9月末時点の株価が1989年12月末株価を上回っている企業群、②高値未更新な企業、③修正株価ベース、④上場廃止となった企業の株価推移。TOPIX以外の株価は単純平均。上場廃止企業には、コード番号が変更になった企業、合併により消滅した企業なども含まれる。上場廃止企業の株価指数は、上場廃止以降は上場廃止直前の株価が維持されたと仮定して計算している。
(出所) 野村證券投資情報部作成。

年以降の失われた二十数年間でも、実際の個別株の投資においては、実は魅力ある市場であり続けているのです。

図1-2をご覧ください。バブル期の東証1部上場企業で、現在も同一証券コードで上場している企業のうち、2015年9月末時点の株価が、1989年12月末株価を上回っている企業は146社にのぼります。その企業群の株価(指数化)は、市場全体(TOPIX)を大きく凌駕するパフォーマンスを示しています。該当企業数は1161社のうちの146社ですから、約13%が魅力ある株価を形成しています。

資産形成をするうえで、株式投資

を上手く取り入れた方とそうでない方には、大きな格差が生まれつつあります。それどころか、今後はまさに「資産形成の中心」が株式と言っても過言ではない時代になるでしょう。

そこで、まず株式投資を上手く資産形成に取り入れるために、株式の価格変動についての見方、考え方を紹介します。

株価の形成に関してはノーベル経済学賞が授与されるような理論が複数存在しますが、ここでは、そうした学術的な解説ではなく、個人投資家が投資をするうえで大切なことに焦点を当て、なるべく平易な言葉で、株式投資の考え方を紹介します。

さて、株式投資を考える際には、次の3つの点が重要です。特に個人投資家の場合は、この3つの点を、自分なりに考え、整理することで、先行きに対する展望に自信を持つことができます。

第1のポイントは、投資の本質にかかわる点ですが、企業の「利益」が大事だということです。

株式も金融商品ですが、預金などと同様に、「将来もらえるお金に対して、今いくらなら払いますか?」という構造を持ちます。その「将来もらえるお金」に該当するのが企業の利益から株主に支払われる配当です。今期の利益(その果実である配当)だけではなく、先々の利益(その果実である配当)も含まれる概念として考えてください。

理論的には、その将来もらえるお金(企業の利益から出る配当)が、今想像しているよりも増えるならば株価は上昇し、反対に、減ると予想されるならば株価は下がるでしょう。当たり前のことのようですが、実はこれが本質なのです。ただし、「いつ利益が増え、いつ減るのか」を見極めるのが難しいのです。この点について少し考えてみたいと思います。

企業は、毎期何らかのビジネスを行って売上高を上げ、その売上高を達成するために必要なコストを支払って、売上高－コスト＝利益を拡大するシステムと言ってもいいかもしれません。利益を上げるためには、売上高を上げるか、コストを下げるかが求められます。どのように売上高を伸ばしていくか、どのようにコストを削減するのか、株式投資を考える際に一考することが大切です。

ただし、株式は将来の長期にわたる企業の成果を見ているという性質があり、例えば、利益が一過性のものである場合はあまり評価されません。本社の土地を売却して計上した利益は評価されないのです。

なぜなら、その一過性の利益が今期は出ても、来期、再来期、さらに将来にわたって、長期の観点からは無視すべきものと市場は評価するからです。利益の質と言ってもいいかもしれません。

一方、企業の競争力が高く、その市場自体が成長するという追い風の環境の下では、中長期的に利益の拡大が期待されるため、利益の拡大に先行するように株価は上昇します。今見えている利益は小さくとも、将来の利益水準が高いならば、市場は先にその可能性を織り込むのです。逆に、ビジネスの将来性に陰りが生じ、短期的に改善する方策がない場合は、今見えている利益の水準が高くとも、株価は低迷し始めます。将来の利益の減少、赤字化などの危険性を、市場は価格の下落という形で先行して織り込みにいくのです。

個人投資家が個別企業に対するこうした投資判断を下すのが難しいという声もあるかもしれませんが、専門家も知識はあれども株価変動との結びつき自体を完全に予測し得るわけではありません。逆に、個人投資家の目線が重要な場合も多々あります。

それが最も強く表れるのが「消費」という分野です。個人投資家は投資家である前に消費者です。消費者の目線で「良い」と思った商品やサービスは、ほかの人も「良い」と思う可能性が高く、それが企業の売上高拡大につながり、企業業績が向上していきます。

そのプロセスこそ、株価上昇のプロセスなのです。日々の生活のなかで、あなたが良いと思えるものを、投資を意識して見直してみると、そこに成長の芽を発見できるでしょう。

第2のポイントは、「金利」です。金利は投資の世界の物差しのような働きをします。金利が動くことで、金融商品全体の価格が変動します。株式も金融商品の1つであり金利の影響を受けます。

その金利の影響ですが、簡単にまとめると、金利が低下すること（政策金利の引き下げや量的緩和など）は、株価にとって好ましい材料とされ、金利が上昇すること（政策金利の引き上げや、量的緩和の終了など）は、株価にとってマイナスの影響があるとされます。

金利には景気情勢を反映している面があります。金利が上昇すること自体は株価にはマイナスでも、景気が良いから金利が上昇するのであれば、企業業績は良いということになりますので、第1のポイントからすると、株価上昇要因とも言えます。金利が上昇して株価も上昇する局面を「業績相場」などと呼びます。

逆に、金利が低下するのは景気が悪いからという面があり、企業業績は冴えないことが想像されます。しかし、金利低下がいずれ景気を刺激して景気が反転することを市場が読むことで相場は上昇します。これを「金融相場」などと呼びます。

さて、2015年は夏場から世界の株式市場の変動が激しくなりましたが、特に米国の金利が低下する局面（金融相場）から上昇する局面（業績相場）へ移行する際に、よく見られる状況です。投資の物差しである金利が方向を変えようかという状況ですから、物差しの目盛りが動くような状況に置かれているわけです。市場参加者の思惑はそれぞれであり、金利の方向感が出て、それが景気拡大を背景としていると市場が納得するまで、変動は続くことが予想されます。

第3のポイントですが、これは投資の世界では「リスクプレミアム」などと呼ばれたりしますが、投資の世界にしばしば現れる「お化け」という表現がピッタリではないかと思います。

株式投資の世界は、企業の未来の利益を評価して、日々市場で取引がなされます。あるとき、将来に対して不安を生じさせる事象が発生すると、それが起こり得ないと判断されるまでは、市場はその「まだ起こってはいない悪い事態」を想定して、企業利益の悪化や、意図せざる金融市場の収縮（事実上の金利上昇）などを織り込んでいくのです。

２０１５年の夏は、米国が政策金利を引き上げるかもしれない、そして、金利が引き上げられた場合に米国経済が失速するかもしれない、新興国が混乱に陥るかもしれない、という「お化け」が出てきています。現時点（２０１５年9月中旬）では、いまだ判断しきれない部分があります。加えて、世界第2位の経済規模となった中国が、大幅な景気減速に陥ったのではないかという心配も加わり、市場の「お化け」は大きくなる一方です。

留意すべき点は、実際の企業業績に変化が現れる前に、市場はこうした将来の事態を織り込もうとするということです。実際に、事が悪い方向で実現すれば、株価は経済情勢に先行しているように見える結果となります。逆に、お化けは単なる柳であった、と市場が判断できる材料が今後出てくれれば、絶好の押し目が結果、買い場であったということになります。その判断を、市場参加者が一生懸命している最中である、ということになります。

逆に、市場に楽観が蔓延しているときには、この「お化け」があまりに小さくなり、株価が企業業績から見て説明し難い水準へ上昇することがあります。このときも、企業業績がしっかりとついてくるならば問題ないわけですが、少しでも企業業績に懸念が出ますと、とたんに「お化け」が大きくなり、株価は短期間で大幅な下落を見せることとなります。

以上、株式投資における3つの重要なポイントである「企業の利益」「金利」「お化け」について説明しましたので、次に、実際の投資において、これらをどう考えたらよいのかをお話ししたいと思います。

結論から申し上げると、株式投資で成功するためには、投資先の企業の業績が継続して向上していくことが重要で、そうした企業の株価が安いとき（お化けが出ているとき）に投資する、ということになります。

株式投資の投資対象である上場企業は、上場の厳しい基準をクリアしてきた企業です。その数は、日本の全企業数の0・1％程度に過ぎません。選りすぐりの企業集団と言っていいでしょう。そして、その企業の経営者、従業員の全てが、基本的には企業の業績を向上させるために努力をしていると思います。ですから、上場企業は基本的に業績を上げていくことを期待して良い対象なのです。

それでは、どの企業でもいいということになってしまい、判断基準にならないのではないか？　との疑問をお持ちになると思いますので、もう少し踏み込んでみましょう。

まず、企業業績を長期的に向上し続けることができるとは、売上高を長期的に拡大させ、コストを適切にコントロールし、毎期きちんと利益を積み上げ、配当を着実に増やしていくことができるということです。毎期の配当が少しずつでも増加しているかどうかが重要な判断基準となります。

未来のことは誰にもわかりませんが、過去、長期にわたって配当を増加させ続けている企業は、今後もそれを可能とする経営が行われると期待することが妥当でしょう。日本では２０１５年３月期現在、25期連続増配が最長ですが、米国では59期連続という上場企業もあります。

次に、投資する側を考えてみましょう。見通しが正しくあり続けることは、神様以外はありえないにもかかわらず、私たちはどうしても楽観的になる傾向がさまざまな研究の結果わかってきています。それがヒトの本質であるならば、それを心得たうえで投資に臨む必要があるということでもあります。

楽観的になりがちということは、反面、悲観的になりすぎ（自信喪失）てしまい、結果として株式を売却する行動に陥りがちであるということです。長期にわたって配当を増加させているような企業でも、短期的には悪い事態に陥ることはありえますし、企業に問題がなくとも、景気情勢や市場（金利など）の振る舞いの結果、株価が低迷することは多々あります。

実は、株式投資の成果を悪化させる要因の１つが、投資家がこの「一番悪いとき」に限って投資先を見限って売却してしまうことにあります。これが「お化け」が出てきているときの姿でもあります。

楽観的になりすぎて一番高いときに買ってしまったとしても、その後の時間軸が長いならば対処の方法はありますが、悲観的になりすぎて売ってしまったら、そこでゲームオーバーとなり、対処の方法がありません。もちろん、倒産などに陥れば投資としては失敗となりますが、長期にわたり増配を継続してきた企業は、容易には最悪の事態には陥りません。

そこで重要なのが、目に見える数字が特に悪化していないにもかかわらず、株価が下落する局面をどう考えるかです。その企業に関しては何もなかったとしても、事件や政変、海外経済の変調といった外部要因から市場の雰囲気が一変して（お化けが出て）、株価は一直線に急降下します。特に企業側の事由で業績見通しが下方修正される事態に陥る場合、目先の企業業績の変化では説明できないほどの株価の下落に見舞われることとなります。実際に利益も減ってしまいます。

この結果、その企業の株価はいつ上がるかはわらないけれども、悪い話を織り込んでいる株価となっています。こうした局面では、市場で好意的なことを言われることはなく、株価が低迷するのは当然であり、このような時期に投資すべきではないと各方面で解説されることとなります。ところが、この局面こそ、まさに投資すべきタイミングなのです。

投資の良いスタートを切るタイミングは、世界的な事件、世界や日本の景気が悪化して株価が急激に下落してゆく局面において、長期的には期待できる企業に投資することが望ましいと言えます。

景気情勢が悪く業績が低迷するなかでも、企業の文化・風土などが維持されているならば、次の景気拡大期には必ず現在の企業努力が実を結びます。なぜなら、企業は努力しているからです。株式投資には「安いときに買い、高いときに売れ」という大原則があります。これまで説明してきたことをこの文脈で言い換えますと、このようになるでしょう。

「毎期配当を増やしている企業が、何かの外部要因で急激に株価が下落するとき、もしくは企業業績の大幅な悪化や赤字になってしまうときに買い（買い増しし）、どこから見ても安心できるようなときに売れ（買い増しするな）」

こうした局面の代表例は「〇〇ショック」のような局面です。世界の先行きに暗雲が立ち込め、株式市場は急落し、とても危ないと感じられるときこそ、簡単にはつぶれない企業ならば、最高の投資をスタートする局面となります。ただ、そういうときがいつ来るのかは誰にもわかりません。その勘所を養うには、歴史に学ぶことが一番です。

今、日本の企業は継続的に株主価値を上げていくために、徹底した取り組みをスタートしています。企業価値を長期的に上昇させようとしています。同じ環境が継続するならば、企業価値の拡大→株主価値の拡大→株価の上昇、という形で右肩上がりの展開が期待できるでしょう。

長い資産形成の過程では、一度や二度は「〇〇ショック」のようなことが起こります。そのときに、「売却するのではなく買い増しをする」ことを肝に銘じて投資をスタートすれば、これからの株式投資は素晴らしい成果をもたらすでしょう。

企業は努力をしています。環境が悪いときこそ、強い企業がより伸びる時期です。株価の評価が上がるには多少、時間がかかる場合もあるでしょう。しかし、継続的に悪い環境下も含め、売上高を増やし、コストをコントロールし、利益を上げようと努力する企業の成果は、株式投資を通じて投資家も享受することができるのです。

「長期分散投資」「暴落時の投資」という投資スタンスを決め、株式投資を中心とした資産形成を進めることが求められます。

株式との分散効果を発揮する債券

債券は株式と異なる資産属性を有します。株価は景気が良いときに上昇、悪いときに下落しますが、債券（価格）は景気が良いときに下落、悪いときに上昇します。それがゆえに「分散効果」が働くのです。

図1-3をご覧ください。株価が上昇しているときは債券利回りが上昇し（債券価格は下落）、株価が下落しているときは利回りが低下（債券価格は上昇）するという、大まかな関係が見られます。

図1-3　日経平均株価と10年国債利回り

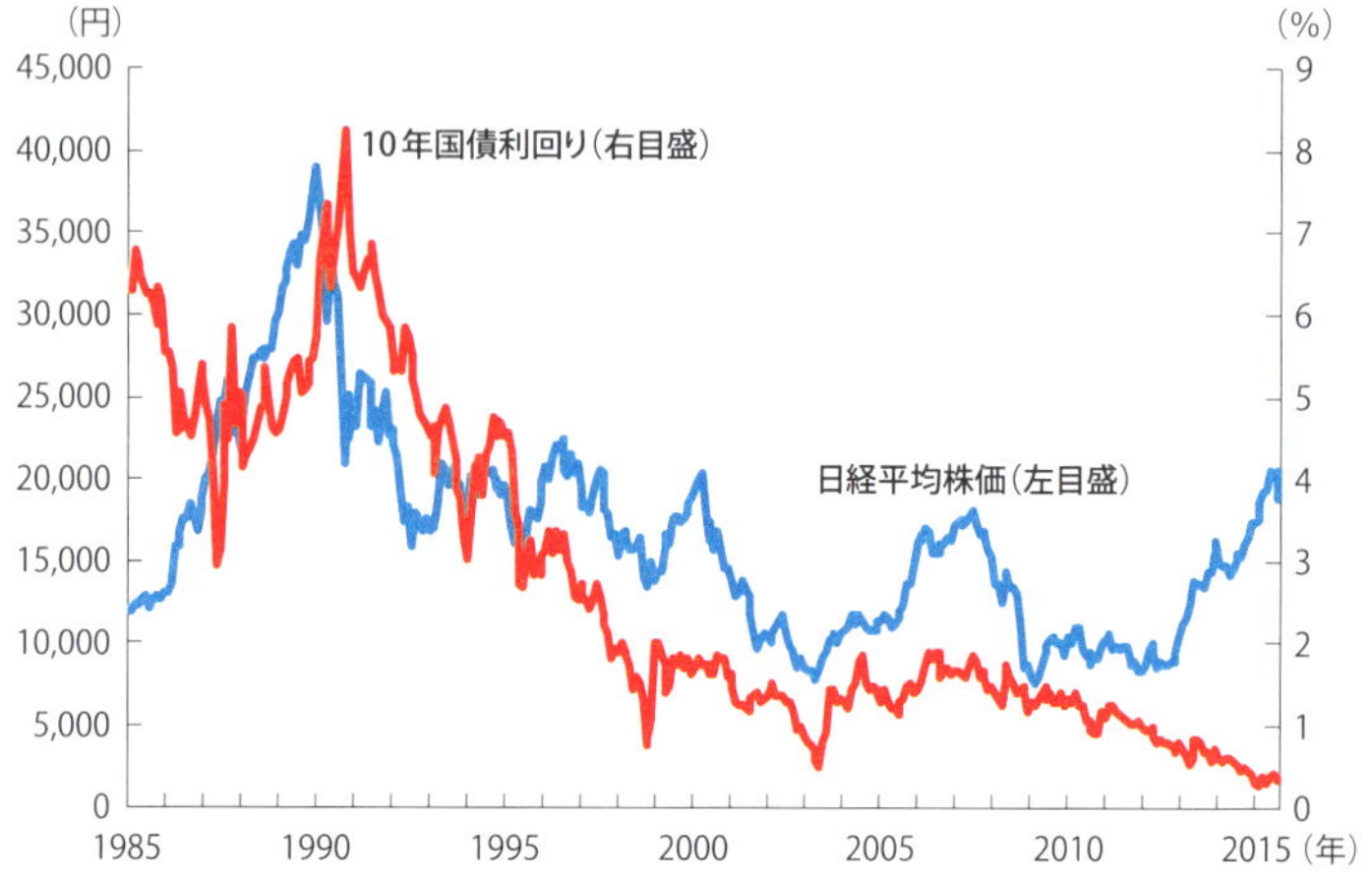

（注）データは月次で直近値は2015年8月。
（出所）Thomson Reuters Datastreamより野村證券投資情報部作成。

個人向け国債へ投資している方もおられると思いますが、資産としての債券の特徴は、①将来の決められた期日に元本が償還される、②（変動金利型もありますが）決められた利息が定期的に得られる、ことにあります。

元本の償還が無く、配当も業績次第で変動する株式と比較すると、安定した資産と言えます。ある企業の社債を購入し、その企業が倒産してしまえば社債も無価値になる可能性はありますが、よほど格付けの低い社債はともかく、通常の景気循環であれば元本は償還されます。

基本的には、債券価格は景気が悪いときに上昇し、良いときには下落します。債券価格を簡単な式で表せば、債券価格＝〔（100＋表面利率×償還までの残存期間）÷（100＋利回り×償還までの残存期間）〕×100となります（ここでは複利ではなく、単利とします）。

この式からおわかりのとおり、利回り（金利）と価格は逆の動きをします。金利が上昇すれば債券価格は下落し、金利が低下すれば債券価格は上昇します。

では、金利はどのような要因で変化するのでしょうか。まずはインフレです。例えば、現在100円のリンゴの値段が10％上昇して110円になったとします。お金の価値が100円で変わらなければリンゴを買えなくなります。そこで、預金などの金利も10％上昇して購買力が維持されます。

日本銀行のインフレ目標は2％です。仮に、10％という日本にとっては高率のインフレが生じた場合、当然、インフレの番人である日本銀行は政策金利を引き上げます。現在、日本銀行の政策手段は、金融機関が日本銀行に預けてある預金（日銀当座預金と呼びます）と流通している現金の合計です。マネタリーベースと呼びますが、日本銀行が供給する通貨を指します。

通常の政策手段は政策金利である無担保コール・オーバーナイト金利です。この金利は、金融機関が当日の資金過不足を調整するために行う、当日から翌日にかけての1日間の資金の貸し借りの金利ですので、超短期の金利です。日本銀行が政策金利を変更すると、預金金利や債券の利回りへ影響を及ぼします。

景気が良い場合は、インフレ率を睨みながら日本銀行は政策金利を引き上げますので、

（影響を受ける程度は異なりますが）金利が全般にわたって上昇します。逆に、景気が悪い場合は政策金利を引き下げますので、金利は低下していきます。したがって、先ほど述べたとおり、「債券価格は景気が悪いときに上昇し、良いときに下落する」ことになります。

また、その国の潜在成長率は国債金利へ影響を及ぼします。名目長期金利を簡単な式で表せば、名目長期金利＝潜在成長率＋期待インフレ率＋リスクプレミアムとなります。

潜在成長率とは、その国が有する「資本」「労働力」「生産性」を最大限活用した場合のＧＤＰの成長率を指します。資本は設備、インフラ、労働力は生産年齢、すなわち15歳から64歳までの人口や労働時間など、生産性は資本や労働では測れない技術進歩などを指します。潜在成長率が低下すれば長期金利の水準も低下します。近年、先進国の長期金利は総じて低下基調にありますが、各国の潜在成長率が低下したことも一因と言えます。

期待インフレ率は、債券市場（インフレ連動債）において観察される投資家が想定するインフレ率や、消費者、企業などへのアンケート調査で示される先行きのインフレ期待です。実際のインフレ率が低下すると、それを踏まえて企業や個人の期待インフレ率も低下します。長らく日本の長期金利が低下傾向を辿ったのは、デフレ、すなわち継続的に物価上昇率が低下し、企業や人々の間に、先行きもデフレが継続する、との心理が蔓延したことも背景にあります。

リスクプレミアムは、信用力などを指します。例えば、日本と新興国を比較した場合、元本が予定どおり満期日に償還される可能性は日本のほうが高くなります。これは格付け会社が発表する格付けに現れます。格付けの良い先進国などの国債金利は新興国に比べて低くなり、価格変動も相対的に小さくなります。

こうした関係は企業が発行する社債も同様です。リターンが高い（金利が高い）ほど、リスク（デフォルト、すなわち元利金が支払われない）も高くなります。

Ｐａｒｔ２で検証しますが、新興国の国債はしばしばデフォルトに直面しますので、信用力は債券投資においても考慮すべき重要な要因です。また、将来の不確実性などもリスクプレミアムに含まれます。

基本的には、株価は「景気が良いときに上昇、悪いときに下落」しますので、債券と株式を組み合わせて投資すれば、価格変動のリスクを軽減できます。

日本と海外の分散投資

次に為替について説明します。海外の株式、債券を組み入れた投資信託へ投資している方も多くおられると思いますが、ここでは為替を資産の一種類として分類します。前述のとおり、国内の株式、債券に加え、海外の株式、債券を投資対象に加えることで、より分散効果が働きます。

もちろん、日本経済は海外経済の影響を受けますが、内外の景気循環にはズレがありますし、海外には日本には無い投資機会が多く存在します。日本よりも高い金利、高成長の国の株式、グローバルに展開する資源会社、穀物会社などです。こうした対象へ投資する場合には外国の通貨を購入する必要があります（商品のなかには、為替リスクをヘッジしたものや、円建てで投資するタイプもあります）。

日本の通貨である円で外国通貨を購入した場合、円安になれば為替差益が、円高になれば為替差損が発生します。為替市場もかなり変動しますので、為替市場へ影響を与える要因について説明しましょう。

第１に、経常収支です。貿易収支、サービス収支、所得収支、経常移転収支で構成されます。

貿易収支はモノに関する取引で、輸出－輸入で計算されます。サービス収支は、例えば日本人が海外旅行した際に、ホテル代や買い物代など現地で支払った金額から、外国人が旅行で訪日した際の同様の支出金額を差し引いたものです。旅行収支と呼びますが、ここ数年、訪日観光客が大きく増加していますので、２０１４年度は55年ぶりに黒字となりました。所得収支の代表例は投資収益です。日本が海外に保有している金融資産から得られる配当や利子の受け取り額から、金融負債から生ずる配当や利子の支払い額を差し引いたものです。

経常収支が黒字であるということは、海外からの受け取り額が支払い額を上回っていますので、差し引きで日本へ入ってくる外貨のほうが多いわけですから、為替市場では外貨売り円買い需要となり、円高要因です。取引のなかには円建てのものもありますし、円を通さずに外貨で決済する場合もありますが、基本的には経常黒字の拡大は円高要因、経常赤字の拡大は円安要因となります。

証券投資に絡む為替需給もあります。日本の機関投資家が海外の株式、債券などを購入することは円売り外貨買い（円安）要因ですし、逆に売却する場合は円買い外貨売り（円高）要因となります。一方、海外投資家の投資活動からも影響を受けます。日本の株式、債券を購入すれば円買い外貨売り（円高）要因となりますし、売却の場合は円売り外貨買い（円安）要因となります。こうした取引を資本収支と呼びます。

実際の為替市場に影響を及ぼす要因のなかで重要なものは「金利差」です。今申し上げた資本収支へ影響を与えます。世界のお金はより金利の高い、より利回りの高い資産を追い求めて駆け巡ります。基本的には、海外の金利が日本よりも高ければ日本からの海外投資が拡大しますので円安要因となります。

図1−4をご覧ください。金利差が為替レートに与える影響の事例です。基本的には米国の金利は日本の金利よりも高いため、米国−日本の金利差はプラスとなります。この金利

図1-4　円相場と日米国債利回り格差

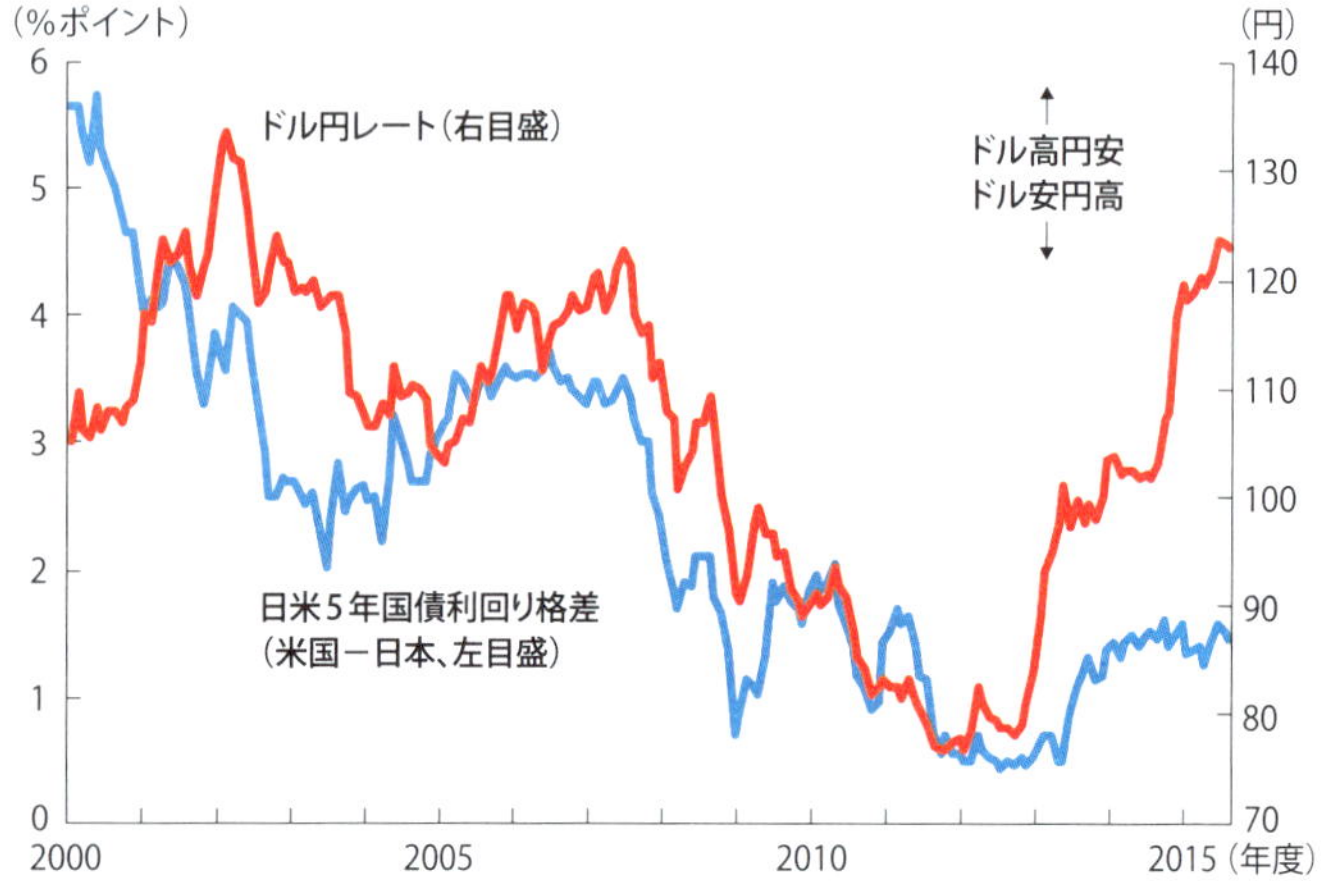

(注) データは月次で直近値は2015年8月。
(出所) Thomson Reuters Datastreamより野村證券投資情報部作成。

差が拡大すればドル高円安、金利差が縮小すればドル安円高、とのおおまかな動きが見てとれます。米国の金利が日本の金利よりも高い理由はさまざまですが、インフレ率が日本よりも米国のほうが高い、などの要因があります。

金利差が拡大する、あるいは縮小する、という背景には日米の景況感の格差が反映されています。金利が上昇する局面は、景気が良く、インフレ率が上昇しているケースが多いわけですが、日米金利差が拡大するということは、総じて米国景気の勢いが日本よりも勝っている、と言えるでしょう。したがって、景況感の格差を通じて分散効果が発揮されると考えられます。また、地域を分散することで地政学リスクの分散を図ることもできます。

各国の金融政策は極めて重要です。2013年5月に当時のFRB(米連邦準備制度理事会)

議長だったバーナンキ氏が「年内に量的緩和を縮小する可能性がある」と発言した途端に世界中の資産価格が大きく揺れました。特に新興国のなかには大きく下落する通貨が見られました。米国が量的緩和を縮小、終了した後、いずれは政策金利を引き上げることが予想されるからです。

金利は高いもののリスクの高い新興国通貨よりも、世界で最も市場の規模が大きく、透明度の高い米国市場の金利が上昇するわけですから、資産を米ドルへシフトさせようと考える投資家は多くなります。そもそも、米国の中央銀行であるＦＲＢが利上げを開始するということは、米国経済が良好であることを意味します。

一方、日本銀行の量的質的緩和、いわゆる「異次元緩和」により、日本が円高局面から脱したことはご承知のとおりです。これ以上政策金利を下げられない状況のなかで、日本銀行が市中へ供給する通貨の量、すなわちマネタリーベースの量を拡大することは、ＦＲＢの金融政策との比較において円安要因と考えられます。つまり、市場へ供給される通貨の量の増加ペースにおいて、日本＞米国、となるわけですから、円安ドル高要因と言えます。

債券でも説明しましたが、国の信用力も為替市場へ影響を及ぼします。リターンが高いほど（金利が高い）、リスク（変動幅）も高くなります。政治、政策の安定度、透明度も考慮すべき要因で、カントリーリスクと呼びます。政権が頻繁に変わり、政策の継続性が担保されないとその国へ投資する際のリスクが増えます。突然、海外からの証券投資に課税するとか、規制するなど新興国でしばしば見られる現象です。また、民族、宗教、国境を巡る紛争もリスクを高めます。

局面によっては商品価格も影響を与えます。世界中で取引される商品は、ほぼドル建てで取引されています。例えば原油価格ですが、しばしば「通貨としてのドルの代替資産」としてみなされます。ある程度はドル建ての資産を保有しておきたいと思うのはごく自然でしょう。通貨としてのドルの信認が低下して下落した場合、「ドル建て資産としての原油」への需要が強まる場面が見られます。金利のつかない金（ゴールド）も同様の動きを示す局面があります。

また、日本円が「安全資産」として見なされ、円高が進行する場合もあります。リーマンショックの後、「安全資産」としての円が選好され、超円高が進行しました。

「安全資産」とはどういうことでしょうか。日本は世界最大の「対外純債権国」です。対外純債権とは、海外に保有する資産から負債を差し引いた金額です。2014年末時点で367兆円、3年連続で過去最高を更新しました。2014年末時点で見ると、中国の214兆円、ドイツの154兆円と続きます。リーマンショック以降、世界中の投資家はリスク回避的な行動をとりましたので、最も対外純債権を保有する日本の円が評価されました。

為替市場を左右する要因はさまざまでリスクもありますが、日本では得られないリターンを得ることが可能です。そこで、次にお話しする「グローバル分散投資」が有効な投資手法となります。

グローバル分散投資の効用

株式、債券、為替のそれぞれの資産特性を見てまいりましたが、こうした各資産の性格の違いを活かす投資手法が「グローバル分散投資」であり、かつ「時間を分散」することでより効用が増すことをお話しします。

まず、「投資対象の分散」を考えてみましょう。図1-5をご覧ください。国内の主要な資産の年度ごとのリターンです。短期資産（預貯金）、国内債券、国内株式の3つの代表的な資産を取り上げて、各年度のパフォーマンスをランキングにしています。国内株式を見ると、大きく上昇している時期もあれば大きく下落している時期もあり、かつ変動率が大きいことがわかります。一方、国内債券は国内株式よりも変動率は小さくなっています。

株式が下落している時期に債券がプラスになり、株式が上昇している時期に債券はマイナスになっている傾向がわかります。つまり、この2つの資産は互いに補完し合うことが期待できます。2つの資産で運用すれば全体として安定的な運用効果が期待できるという

図1-5　預貯金・国内債券・国内株式のリターン比較（年度、%）

2001	2002	2003	2004	2005	2006	2007
債券 0.95	債券 4.26	株式 51.13	債券 2.09	株式 47.85	債券 2.17	債券 3.36
短期資産 0.01	短期資産 0.00	短期資産 0.00	株式 1.42	短期資産 0.00	株式 0.29	短期資産 0.45
株式 −16.22	株式 −24.81	債券 −1.74	短期資産 0.00	債券 −1.40	短期資産 0.18	株式 −28.05

2008	2009	2010	2011	2012	2013	2014
債券 1.34	株式 28.47	債券 1.81	債券 2.94	株式 23.82	株式 18.56	株式 18.24
短期資産 0.32	債券 2.04	短期資産 0.07	株式 0.59	債券 3.72	債券 0.58	債券 3.45
株式 −34.78	短期資産 0.08	株式 −9.23	短期資産 0.05	短期資産 0.05	短期資産 0.04	短期資産 0.03

（出所）野村證券投資情報部作成。

わけです。これが分散投資の効果です。

代表的な資産である株式と債券への分散投資が効果的なことを、先にお話ししましたが、ここで景気循環の概念図を使っておさらいしましょう。

図1-6の一番上にあるのが景気循環のイメージ図です。一般的に景気拡大局面では企業業績が拡大しますので、株式にとってプラスの要因になります。一方、金利は上昇しますので、債券にとってはマイナスの要因です。逆に、景気後退局面は株式にはマイナス要因ですが、債券にとってはプラス要因になります。このように、株式と債券は同じ景気局面において異なる動きをしますので、株式と債券への分散投資によって、資産全体の価格変動リスクが軽減される効果が見込めます。

株式と債券への分散投資は、個々に選択して投資することが基本ですが、分散投資のサービスを利用することもできます。例えば、グローバルに

図1-6　景気循環と資産パフォーマンス

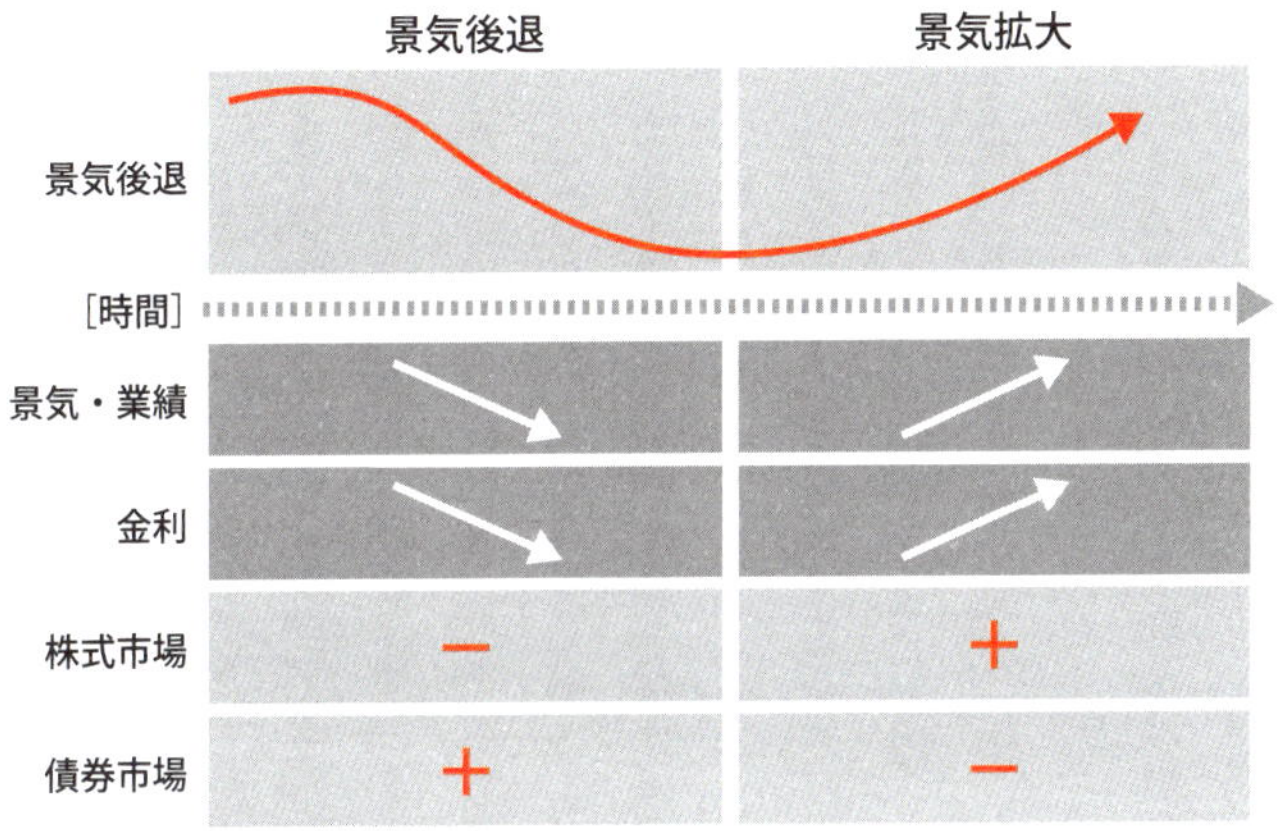

（出所）野村證券投資情報部作成。

分散投資するサービスとして「ファンドラップ」があります。お客様がどの程度のリスクを許容できるかなどをお聞かせ頂いたうえで、国内株式、外国株式、国内債券、外国債券、REIT（不動産投資信託）、オルタナティブ（代替資産とも呼ばれ、株式や債券などの伝統的な資産とは異なる資産）の6種類の資産へ分散投資します。

株式などリスク性資産のウェイトにより、「保守」「やや保守」「普通」「やや積極的」「積極的」5つのリスク許容度を設定しています。保守から積極的になるにつれ、株式のウェイトが高まり、債券のウェイトが小さくなります。この各資産のウェイトがまさに投資家が選択するリスクとなります。

また、「SMA（セパレートリー・マネージド・アカウント）」も、分散投資の目的に適うサービスです。お客様から投資判断に関する一任を頂き、お客様の口座において有価証券に関する運用と管理を行うサービスです。お客様一人一人の投資方針や目的などをお聞きし、投資目標を共有します。プロの機関投資家と同様の幅広いサービスが用意されています。

なお、ラップ口座やSMA口座を総称して「マネージド・アカウント（MA）」と呼びますが、米国ではこの5年間に年率20％で成長しています。2014年末の残高が約4兆ドル、約500兆円にのぼります。2014年末の米国の個人金融資産は68兆ドル、約8450兆円ですので、マネージド・アカウントは個人金融資産の約6％を占めます。

では次に、「投資タイミング（時間）の分散」を考えてみましょう。「ドル・コスト平均法」という時間を分散する手法があります。ドル・コスト平均法とは、「定期的に」「継続して」「一定の金額」を投資する手法です。

一定の金額で投資するため、証券の価格が高いときには購入する量が少なくなり、逆に証券の価格が低いときには購入する証券の量が多くなります。その結果として、一定の「量」を購入する場合に比べて、購入する証券の平均取得コストを低く抑えられる効果が期待できます。

このドル・コスト平均法は積立投資の手法の1つです。株式や投資信託を購入したいがまとまったお金を都合できない、リスク性商品の買いのタイミングがわからない方などにお勧めです。そのドル・コスト平均法の主な利点は、①継続投資、②タイミングを気にしない、③少額から購入可能、④平均取得コストの平準化、⑤複利運用、の5点にあります。

ドル・コスト平均法を利用すれば、着実に投資を続けることができます。株式や投資信託で積立投資を行う契約をすれば、通常、金融機関口座からの自動引き落としによって投資する仕組みですので、機械的に投資を続けることができます。

また、リスク性商品の購入に適した手法とも言えます。買いのタイミングがわからないとお悩みの方も少なくないでしょう。格好の買いタイミングを見つけることは容易ではありませんが、ドル・コスト平均法を利用すれば、躊躇せず投資をスタートすることができます。

それでも、今の価格で買うには気が引ける、値下がりリスクが恐いという方は、例えば、株式であれば最初から100株や1000株のような単元株数で購入するのではなく、少額から始めることも可能です。株式累積投資制度では1万円程度からの投資が可能です。また、少額ながら株価の高い銘柄や複数銘柄への投資も可能になります。

前述のとおり、値下がりした局面はドル・コスト平均法の効果が発揮されます。毎回、一定の金額で購入すると、値下がりしているときには証券の買い付け株数が増え、値上がりしているときには買い付け株数が減りますので、平均の買い付けコストを平準化することができます。買い付け時期を長期にわたり分散させることで、リスク低減効果が期待できます。

図1-7　ドル・コスト平均法の例

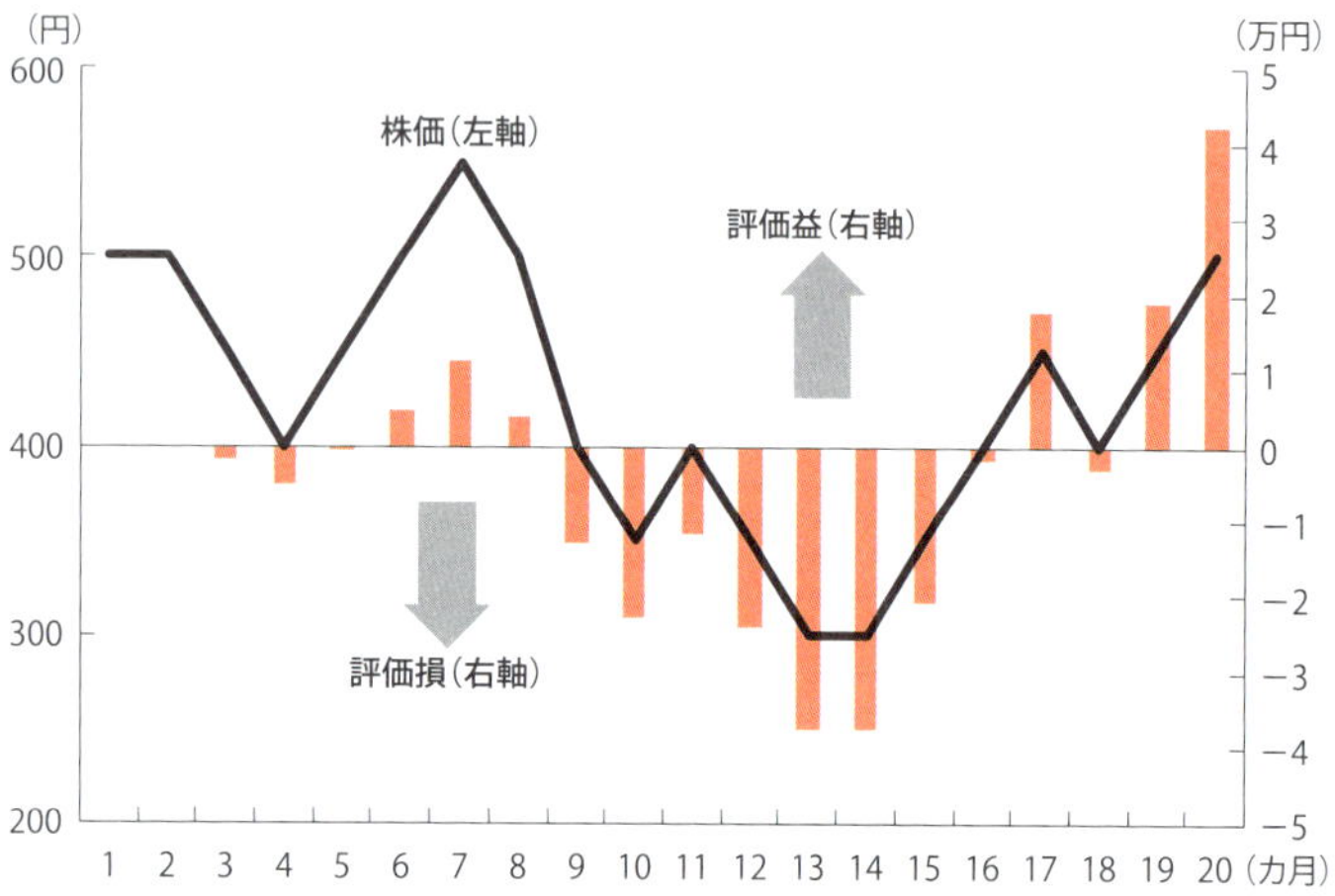

（注）図は説明のために作成したものである。手数料・税金などは考慮していない。
（出所）野村證券投資情報部作成。

図1-7は、株式を毎月1万円ずつドル・コスト平均法で20カ月続けて購入した例です。株価は当初500円から始まり、いったん400円まで下落し、その後550円まで上昇、そして再度300円まで下落、最後は当初の500円に戻ったとします。棒グラフが示す評価損益は、積立ての合計金額と各時点での時価評価額（＝合計購入株数×各時点での株価）を比較したものです。

加えて、株式なら配当金が、投資信託なら分配金が再投資される仕組みも効果的です。配当金が株式に再投資され、それがまた株式の値上り益と配当金を生み、その配当金がさらに株式に再投資されるという仕組みは長期的に大きな成果をもたらします。

積立投資のための仕組みには、株式であれば「株式累積投資」、投資信託なら「積立投資」があります。

この試算における投資の時期は、株価が下落した後、ある範囲で上下を繰り返す、いわゆるボックス圏での相場を経て、その後戻り相場に至る展開です。このような相場展開は、ドル・コスト平均にとって最も望ましいパターンの1つと言えます。

もちろん、ドル・コスト平均法が不利になるパターンもあります。単純な上昇相場が続くパターンでは、最初の購入時に全ての資金を投資するほうがいいでしょうし、上昇後に反落するパターンでは、当初値上がりしていく株価を追いかける形での継続投資になってしまい、結果として評価損を抱えることもあるでしょう。

しかし、将来の相場を的確に予想できるとは限りません。また、購入しようと考えている株式が、今本当に割安かどうか判断することも容易ではないでしょう。相場予想や株価判断に自信のない方にとって、ドル・コスト平均法は有効な手法です。

最後に、冒頭でお話しした4種類の資産、国内株式、国内債券、外国株式、外国債券を対象とした「グローバル分散投資」の時間分散効果について試算してみましょう。

冒頭で説明した試算と同様に、1987年度末以降に国内株式、外国株式（為替ヘッジなし）、国内債券、外国債券（為替ヘッジなし）の4種類の資産への均等に投資を開始した場合、投資期間でどの程度のパフォーマンスを挙げたか試算した結果が図1-8です。

図の3年継続投資とは、1988〜90年、1989〜91年、……という具合に、1年ご

図1-8　継続投資の投資期間別パフォーマンス

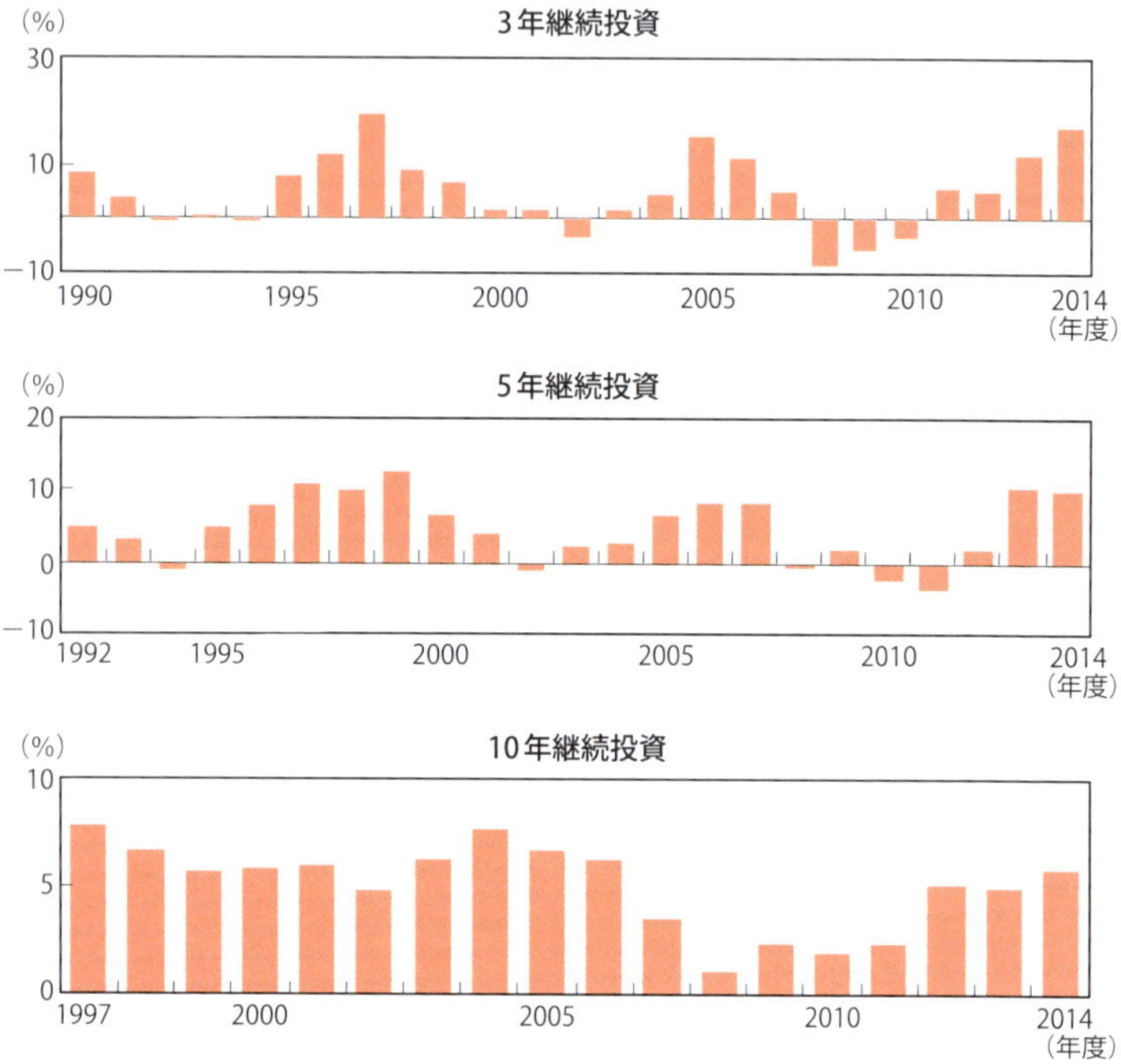

(注1) 算出期間は1988年3月末から2015年3月末まで。
(注2) 各リターンは、資産期間の各年度のリターンを累積し、平均（幾何平均による）を求めている。
(注3) 各年度末にリバランス（投資比率を当初比率に調整）したとして算出している。リバランスにかかるコストは考慮していない。
(注4) 本資料のシミュレーション結果は特定の前提条件の下、簡易な手法にて行われている。当該結果は前提条件の異なるもの、より精緻な手法によるものなどとは異なる結果になることがある。また当該結果は将来の結果を保証するものではない。
(出所) 各データより野村證券投資情報部作成。

とに投資開始時期をずらした場合のリターンを示しています。3年継続投資の場合、25回のうちマイナスのリターンとなったケースは6回でした。同様に、5年継続投資を見ますと、23回のうちマイナスのリターンとなったケースは5回でした。ところが、10年継続投資の場合、18回のうちマイナスのリターンとなったケースはありませんでした。

つまり、「3年よりは5年、5年よりは10年、10年よりは……」と、長期投資のスタンスで臨むことが肝要なのです。

危機こそ投資のチャンス

長期投資の前に立ちはだかるハードルが、冒頭で述べたように、まさに「金融危機、経済危機」です。経済危機や金融危機によって相場全体が大きく下げると、たとえ債券にも分散していたとしても、持っている株式を売却したくなるのが、投資家心理だと思います。

この本の主旨は、投資家が、「グローバルに」「分散して」「長期にわたって継続的に」投資することを通じて、資産形成に成功するために、「金融危機、経済危機の歴史に学ぶ」ことの必要性をお伝えすることにあります。

大規模な金融危機や経済危機になると、株価、為替などの資産価格の大幅な下落を伴いますが、価格が永遠に下落し続けることはなく、やがては反転する局面が到来します。これは、歴史が示す事実です。

その反転のタイミングはケース・バイ・ケースですが、当局による政策対応、つまり財政資金の投入や中央銀行による資金供給もしばしば反転のサインとなります。

例えば、デフレの局面を考えてみましょう。個人や企業がデフレは続くと予想する場合、消費を控える、投資を控えることはある意味で合理的な行動です。しかし、そうした行動の結果としてデフレスパイラルに陥り、景気低迷、資産価格下落など最終的には個人、企業に不利益を及ぼすことになります。

こうしたデフレマインドが浸透している局面を打開し得るのは、当局の大胆な政策です。需要を創出するために大規模な財政支出を実施する、あるいは中央銀行が大規模な資金供給を行うなど、国家としての政策総動員が深刻なデフレ局面からの転換には必要です。

1929年に米国に端を発した世界大恐慌、我が国の昭和恐慌では深刻なデフレに見舞われました。いずれも、大規模な公共投資、資金供給を実施したことが景気の底入れ、物価の上昇、株価の反転の契機となりました。

長期投資をあきらめてしまうのは、相場が永遠に下落し続けるのでは、との漠然とした恐怖感を抱くからです。投資を中断してしまっては、中長期投資のメリットを享受できません。あるときには投資し、あるときには投資しない、と投資タイミングを判断することは実際には難しいものです。

「値段が安いときに仕込む」――、この発想に立てば、危機こそ投資のチャンスと思えるようになります。

経済危機、金融危機に直面した場合に投資を継続できるか否かが資産形成の成否を握っている、と言っても過言ではないでしょう。

激動する世界のマーケットを相手に、長年にわたって良好な成績を挙げている欧米の資産運用会社は「危機こそ投資のチャンス」との投資哲学を貫いています。また、先ほどお話ししたとおり、「ドル・コスト平均法」による投資タイミングの分散、投資の継続は、まさに資産価格の下落時に有効な手法です。

投資家にとって、歴史を知ること、特に、過去の経済危機や金融危機に学ぶことはとても大切なことです。

それでは、本題であります、過去の経済危機、金融危機を振り返ってみましょう。

Part 2

金融危機の歴史に学ぶ

株価が反転する6つのパターン

Ｐａｒｔ2では、投資を考えるうえで、なぜ経済危機、金融危機の歴史に学ぶことが必要なのかについてお話しします。

Ｐａｒｔ1で述べたように、実は、経済危機、金融危機により資産価格が急落する局面は、投資を考える良いタイミングなのです。また、危機が進行する局面でも投資を継続することが有効な手法です。経済危機、金融危機の際に投資を継続できるか否かが、資産運用の成否を握っていると言っても過言ではありません。

危機の歴史を振り返り、その原因、財政出動、金融政策などの政策対応、資産価格の反応を探ることで、継続投資の必要性の理解が深まります。歴史を知っていれば、何がきっかけで相場が反転するのか、パターン化して理解できます。株価の急落時こそ投資する良いタイミングであり、かつ投資継続が合理的であることが腑に落ちます。また、そこから得られる教訓を知ることで、今見えている情報だけでは得られない、投資家としての大事な勘所を養うことができます。

過去の経済危機、金融危機を振り返りますと、株価が反転するタイミングは、次の6つのパターンに分類できます。

- **パターン❶　公的資金による資本注入**
- **パターン❷　中央銀行による大規模な資金供給や財政出動**
- **パターン❸　国際金融機関の支援や通貨切り下げ**
- **パターン❹　レジーム・チェンジ（制度変更）**
- **パターン❺　ベイルイン（債権の元本削減、普通株への転換）**
- **パターン❻　相場の自律反転**

これから、主な19の事例について、①危機の背景、②危機の展開、③危機の収束、④危機からの教訓と投資への示唆、という流れでストーリーを展開していきます。そして、18世紀に起きた古のバブルより2つの事例を最後に紹介します。いつの時代も、株価が反転しない危機はないということがご理解頂けるでしょう。

パターン❶ 公的資金による資本注入

このパターンでは、金融危機における公的な資金投入、つまり財政資金の投入や中央銀行による資金供給が危機を収束させ、株価反転となった事例について取り上げます。①日本のバブル崩壊と不良債権問題、②米国のサブプライム問題・リーマンショック、③欧州財政危機、が代表的な事例です。

パターン❶ 公的資金による資本注入

1 日本のバブル崩壊と不良債権問題

◉……危機の背景

1989年12月29日、日経平均株価は3万8915円87銭の史上最高値で大引けとなりました。このときが1980年代後半に生じたバブル期のピークでした。その後、日経平均

1989年12月29日、日経平均株価は3万8915円87銭の史上最高値で大引けとなったが、このときがバブル期のピークだった。

株価は上下動を伴いながらほぼ下落基調を続け、２００３年４月28日には７６０７円と21年ぶりの安値を付けました。

銀行の不良債権問題の核心にメスを入れた２００３年５月に底入れするまでの十数年に及ぶ株価低迷の背景について整理してみましょう。

まず、戦後の経済発展を支えてきた輸出産業が成熟化し、産業構造の転換に失敗したことがあります。輸出産業が成熟化したため、資金需要が減退する一方、１９７０年代後半以降の金融の自由化により金融機関は収益機会の減少に直面しました。

製造業の資金調達について金融機関からの借り入れと社債発行の比率を見ますと、１９８０年度は８対１と金融機関からの借り入れの比率が圧倒的に高かったのですが、1990年度には2対1へと低下しています。1980年代には企業の資金調達の規制緩和が順次実施され、かつ企業が手元に置くキャッシュも潤沢になったため、「銀行離れ」「金余り」現象が見られました。

輸出産業に代わる有望な貸出先を見出せないまま収益率の低下に直面した金融機関は、資産価値、つまり不動産を担保とした融資へ傾注していくことになりました。「金融の自由化」はしばしば金融機関の経営問題に発展し、金融システム危機を誘発します。1980年代に米国で発生した「S&L危機」（238ページ参照）も金利の自由化を背景としています。

資産バブルを招いたもう1つの要因は、国際金融面での協調です。1985年9月22日のプラザ合意以降の行き過ぎたドル安を是正するためのルーブル合意（1987年2月22日）、ブラックマンデー（1987年10月19日）の米国株急落により、日本国内の経済よりも、むしろ対外協調を重視して金融政策を運営せざるを得ない状況となりました。

日米など先進国間での財政、金融政策を含めたマクロ経済政策における国際協調の動きは1986年5月の東京サミット前後から本格化していました。日本銀行は1986年11月、1987年2月に公定歩合を引き下げました。1989年4月まで公定歩合を当時の史上最低である2・5%で据え置きましたが、引き締め政策への転換の遅れは資産バブル崩壊の傷口を広げる結果を招いたとされています。

◉……危機の展開

資産バブル崩壊の契機となり、かつその影響を深刻化させたのは、資産バブル抑制に向けた政策対応の遅れにあったと考えられます。特に、1990年3月の不動産向けの金融機関の貸し出しに対する総量規制が、東京圏の地価がすでに天井を打ち土地取引における投機的な動きが鎮静化し始めた最中に実施されたことや、前述のとおり、日本銀行による金融引き締めが遅れたこと、の2つが主因と考えられています。

1989年から2003年の期間を政策対応によって、以下の3つの局面に分けるとわかりやすく理解できます。第1は財政・金融政策を通じた実体経済の下支えと浮揚に主眼が置かれていた期間（1992～95年頃）、第2は金融機関の不良債権処理に主眼が置かれていた期間（1995～2002年頃）、第3は企業・産業の再生と金融機関の自己資本増強に主眼が置かれた期間（2002年以降）の3つの期間です。

以下、各局面でとられた対応策の概要と効果、さらに市場の反応を検証してみましょう（図2−1参照）。なお、資産バブル崩壊後、良好なパフォーマンスを遂げた国内資産は、国債などの国内債券です。1989年以降、2003年まで金利はほぼ一貫して低下してきました（債券価格は上昇）。インフレ期待の低下を通じた実質金利高（債券利回り−期待インフレ率）、円高、加えて、後述するように1990年代前半、資産価格下落を財政出動による需要創出で支えようとしたことも、実質金利高と円高を招く遠因になったと考えられます。

図2-1　日本の金融指標の推移

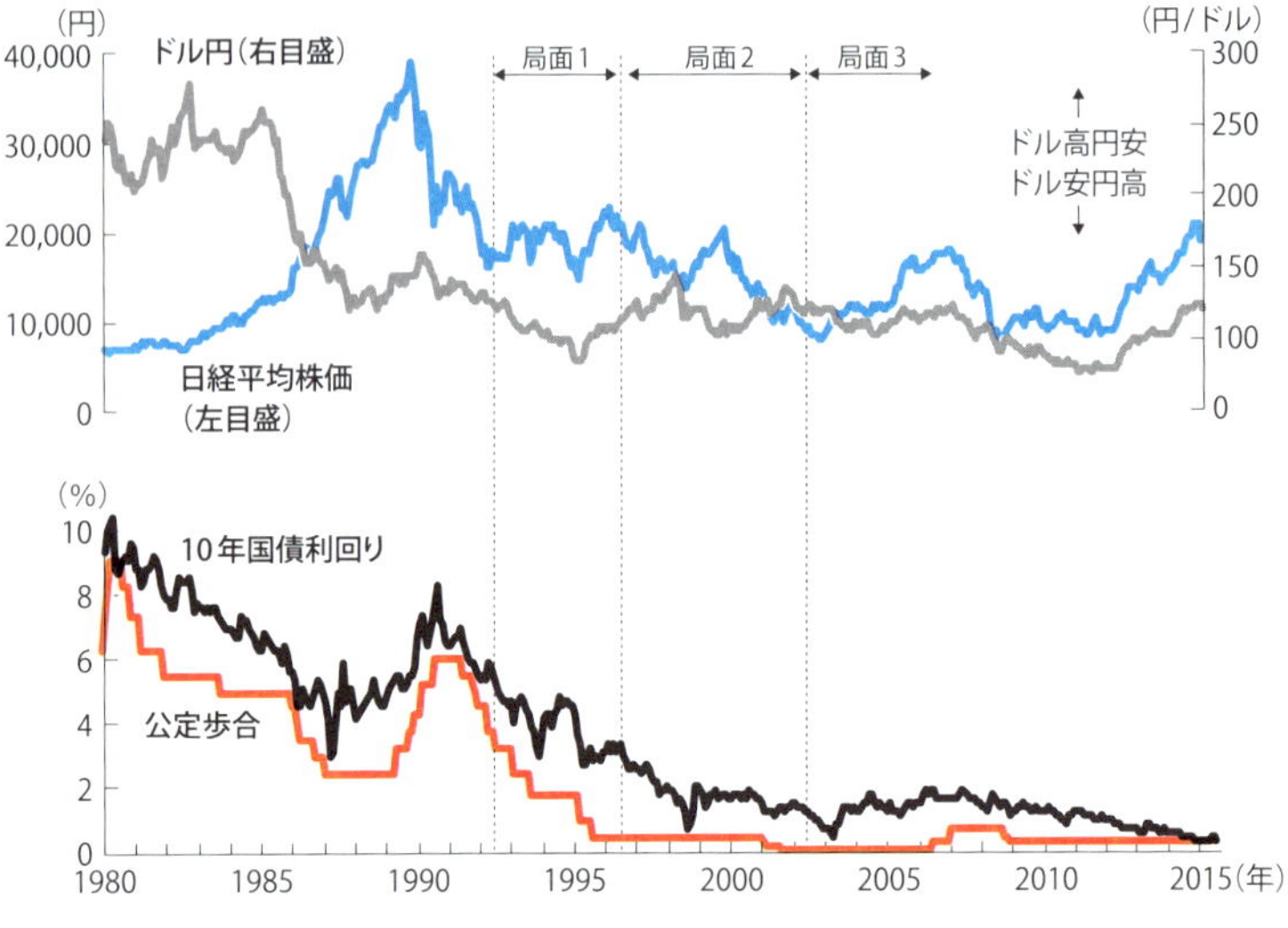

（注）1995年以降、主要政策金利は翌日物無担保コールレート。データは月次で直近値は2015年8月。
（出所）Thomson Reuters Datastreamより野村證券投資情報部作成。

まず、第1局面の経済対策による景気浮揚の試みです。株価がピークアウトした1990年に入っても、しばらく地価の上昇が持続したこと、実体経済の減速が明確化しなかったことから、資産バブル崩壊の認識は政策当局者の間では必ずしも明確ではなかったとされています。

景気減速感が鮮明になった1992年になると、財政政策による景気対策も本格化しました。1995年9月の経済対策までの累計の事業規模は67兆円にのぼりましたが、実体経済の悪化のみならず、資産価格の下落やその後の金融危機を防止するまでには至りませんでした。

最大の問題は資産価格の下落そのものがもたらす影響の深刻さを認識できず、実体経済さえ回復すれば資産価格の反転

財政政策による景気対策も本格化したが、実体経済の悪化のみならず、資産価格の下落やその後の金融危機を防止するまでには至らなかった。

が可能であるとの政策判断に誤りがあった点でしょう。

次に第2局面の不良債権処理の加速です。1990年代半ば頃までは、「金融機関の資産内容を健全化させなければ信用創造機能が回復せず実体経済も改善しない」という発想は政策当局においても希薄でした。戦後の我が国経済においては、バブル崩壊までの間、金融機関の不良債権が金融システム不安へ発展するという経験が希少であったこともあり、金融行政においても、不良債権など金融機関の健全性に関する情報開示の必要性や、市場から金融機関経営を規律づけすべきである、といった認識が乏しかったと考えられます。

こうした認識に転換を迫ったのが、1994年12月に発生した東京協和信用組合、安全信用組合の都内2信用組合の破綻であり、1995

北海道拓殖銀行など大型の金融破綻が生じると、世論が政府による不良債権処理、金融機関健全化の加速を促す傾向が見られた。

年12月に公的資金6850億円を投入する決定に至る住専（住宅金融専門会社）の不良債権問題であったと考えられます。

1997年4月の消費税増税、7月のアジア通貨危機の影響から実体経済が悪化に転じ、11月に北海道拓殖銀行など大型の金融破綻が生じると、開示された不良債権額が過小評価であるとする批判が強まり、世論が政府による不良債権処理、金融機関健全化の加速を促す傾向が見られました。当時の柳澤金融担当相は、厳格な不良債権処理、それも借り手の清算をも辞さない直接償却の必要性を強く訴えました。

折しも、2000年のITバブル崩壊、それに続く2001年の9・11米国同時多発テロ、米国とイラクの戦争の可能性、米国企業会計疑惑問題など、世界経済に不透明感が漂っていました。しかし、日本経済は2002年に入ると、在庫循環（企業の出荷と在庫のバランス）から見て、ＩＴバブル崩壊後の２０００年後半から続いた調整局面を抜け、企業活動は在庫縮小・出荷拡大局面へ転じていました。通常は株式市場に追い風となる環境にもかかわらず、株価は低迷を続けました。

銀行の不良債権問題を起因に、連鎖的に金融危機に陥るのではないかという市場の懸念に加えて、２００2年後半には米国景気減速の兆しも見え、企業業績の悪化懸念から市場の不安心理が深まりました。政府・金融当局はこの状況でも不良債権処理を断行するとの意向を強く打ち出しており、景気悪化と金融危機の懸念のなか、日経平均株価はＩＴバブル時の高値である2万０８３３円から、２００2年央には1万円台割れが定着、２００３年4月に当時の最安値となる７６０７円へ下落しました。

日本の不良債権問題は、１９９2年度以降の金融機関の最重要の経営課題となり、バランスシートから切り離す直接償却と、貸倒引当金を積む間接償却の両面にわたり、膨大な金額を処理してきました。長引く景気低迷により新たな不良債権が発生し続け、２００１年度における不良債権（リスク管理債権）の対ＧＤＰ比は8・5％へと拡大しました。

不良債権処理を進めた結果、銀行の自己資本の毀損が進みました。１９９9年3月末に大手銀行合計で41兆円あった自己資本は、２００2年9月末時点で31兆６０００億円へ減少しました。特に、コア資本と呼ばれる本質的な自己資本部分が大きく毀損したため、連鎖的な金融危機に陥るのでは、との市場の懸念は一段と深まりました。

そうしたなか、大手金融グループが自己資本増強策を発表しました。計画どおり増資が実施されるかどうか、また、高まる資本コストをまかなうビジネスモデルを描けるかどうか、予断を許さない状況でした。

しかし、「自己資本の毀損→翌期のさらなる資産圧縮→新たな損失の発生→さらなる自己資本の毀損」という悪循環と、それに伴う貸し渋り・貸し剝がしから、景気全般が大きく下押しするという閉塞感からの解放が徐々に期待され始めました。

それでも、金融危機発生に対する市場の不安心理は根強く、銀行株指数は2003年2月頃からいったん底ばいとなったものの、新年度入りした2003年4月以降、再度下落基調を強めました。もう一段、踏み込んだ政策対応が求められていました。

◉……危機の収束

2002年9月、竹中平蔵氏が金融担当相を兼務することになると、従来の不良債権対策や金融システム対策は一変しました。その象徴が、同年10月に公表された「金融再生プログラム」でした。第3局面の企業・産業の再生と金融機関の自己資本増強です。

金融再生プログラムの内容は、①資産を厳格に査定する、②大口債権者の定義を統一する、③銀行による自己査定と金融庁査定の整合性を確保する、④公的資金投入手段の明確化、などでした。通称「竹中プラン」と呼ばれた金融再生プログラムの核心は、2003

竹中プランは、厳しい資産査定を打ち出しながら、公的資金投入をちらつかせることによって、主要行による自力での資本増強が実現した。

年4月に設立された産業再生機構の活動に象徴されるように、借り手企業の再生の加速と、不良債権処理を同時に促進するところにあったと言えます。厳しい資産査定を打ち出しながら、公的資金投入をちらつかせることによって、主要行を自力での資本増強に誘導することにも成功しました。

竹中プランの下で主要行を中心として自己資本の増強が実現したこと、これまで事業再生への本格的な取り組みがなされないまま、メインバンクを中心とする金融機関の追い貸しに依存してきた企業に対して、初めて国主導での事業再生に乗り出したことが、バブル崩壊後長らく続いてきた我が国の金融不安を一掃することに大きく寄与したと考えられます。

一方、2002年9月18日の日本銀行の金融政策決定会合は、株価の下落が金融システムの

最も不良債権が問題視されていたりそな銀行へ公的資金が投入されたことで、市場心理は大きく好転した。

信認回復の妨げになっていると指摘し、大手銀行などが大量に保有している株式を直接買い取る方針を決めました。その後、2003年3月までに累計で1兆円規模の銀行保有株式の買い取りが行われました。

　バブル崩壊後十数年にわたる継続案件となった不良債権問題は、最も問題視されていたりそな銀行へ2003年5月に公的資金が投入されたことで大きな転機を迎えました。公的資金注入は普通株による資本注入という実質国有化を伴う内容であったため、「竹中ショック以来、市場を覆っていた厳罰主義的な銀行行政が連鎖的に金融市場を縮小させる」との懸念からの転換と受け止められ、市場心理は大きく好転することとなりました。

　それまでの株価下落により、配当利回りやPER（株価収益率＝株価÷1株当たり利益（EPS））などの伝統的な投資尺度から見て、日本を代表する優良企業の投資魅力は相対的に高まっていました。公的資金投入を機に、金融危機に陥るリスクが回避されたことで、市場のムードは一変しました。

最も重石となっていた銀行株指数は大幅に上昇し、割安感の強まっていた優良株も大幅に反発、すでに上昇基調となっていた店頭株や中小型株も一段高となりました。さらに、企業収益の拡大期待も加わり、出来高拡大を伴う全面高相場へと展開しました。サブプライム問題・リーマンショックで終焉を迎えるまでの歴史的な上昇相場のスタートとなりました。

◉……危機からの教訓と投資への示唆

2002年以降に日経平均が1万円割れに至るプロセスは、バブル崩壊後の我が国の直面する構造問題を浮き彫りにするとともに、資本市場の「属性」の一端を垣間見せた時期と考えられます。当局が銀行に対して厳罰姿勢で臨んだ結果、市場には金融システム不安が生じ、それがさらなる株価下落を呼ぶ展開につながったという一面があります。

加えて、資本市場の構造問題もありました。その1つ目は長期の株価低迷のため、事業会社と金融機関の株式持ち合い構造が、銀行経営の圧迫要因であるとの認識が高まり、その処理が必要となったことでした。2つ目は、長期にわたる株価低迷により年金の運用利回りが大幅に悪化したことで、厚生年金基金が解散などを迫られ、その結果、代行部分の返上という株式の売却問題が生じました。

不良債権を明確にしようとした当局の姿勢は、金融機関への支援に対する国民的コンセンサスが揺れ続けたバブル崩壊後の12年間の帰結としては避けられなかった面もあったかもしれません。結果として、株価底入れのきっかけは全ての膿を出したということよりも、政府が金融機関に対する姿勢に変化を見せ、公的資金を注入したことがこの事例の重要な示唆と言えるでしょう。

システムリスク、つまり金融機関が連鎖的に破綻する懸念や、流動性が枯渇するリスクに市場が敏感になる局面では、政府・中央銀行が十分な資金を供給することが必要である、という教訓です。

教訓

▼経済の構造調整失敗はバブルを招く
▼バブル崩壊後は財政政策よりも金融政策が重要
▼株価底入れのきっかけは公的資金の注入

パターン1 公的資金による資本注入

2 米国のサブプライム問題・リーマンショック

◉……危機の背景

次は、ごく近年の出来事である「米国のサブプライム問題・リーマンショック」です。

ITバブル崩壊後、米国の景気は低迷しました。米国の実質GDP成長率は2001年に0・9%、2002年に1・8%と低成長を余儀なくされました。中央銀行であるFRB（米連邦準備制度理事会）は景気浮揚のため2001年から金融緩和を実施しました。政策金利であるFFレートを6・5%から2003年には当時の史上最低の1%まで引き下げました。

政策金利の引き下げに伴い、10年国債利回りも6%を超えた水準から3%台半ばまで低下しました。住宅ローン金利も低下しましたので、とりわけ住宅投資が拡大し、米国景気の持ち直しに寄与しました。2000年における住宅投資のGDP比率は5・3%でしたが、2005年には6・1%へ高まりました。

住宅を購入しますと、家具、家電、車の購入などの支出を伴いますので、景気への波及効

全米主要20都市の住宅価格指数は、ピーク時の2006年半ばから下落に転じ、2009年春先までの約3年で30%下落した。

果が大きくなります。全米主要20都市の住宅価格指数であるケース・シラー住宅価格指数は2000年=100として、ピーク時の2006年半ばには206まで上昇しました。6・5年で約2倍へ上昇していますので、年率に直せば11%にのぼります。その後、住宅価格指数は下落に転じ、2009年春先には140まで下落することとなります。約3年で30%下落したわけです。

ところで、1970年代より、投資家の運用ニーズの多様化に合わせてさまざまな金融商品が開発されました。いわゆる、デリバティブと呼ばれる金融派生商品です。

配当金や利息などのキャッシュフローを生み出す資産を担保として発行される資産担保証券（ABS：Asset Backed Security）なども発行量が拡大しました。銀行が保有する住宅ローンを担保とした証券化商品であるＭＢＳ（Mortgage Backed Security）は、米国の住宅ブームとともに発行残高が拡大しました。複数の証券を組み合わせた後、元本返済に優先順位を付けて再発行する債務担保証券（ＣＤＯ：Collateralized Debt Obligation）の市場も拡大しました。

１９９０年代に入り、先進国の国債利回りは低下基調を続けました。先進国の潜在成長力の低下、経済のグローバル化進展による価格低下圧力（賃金上昇の抑制）などの要因が背景にあると考えられます。この低金利環境が、相対的に高金利である米国の証券化商品へ世界中から資金が向かった一因と考えられます。

◉……危機の展開

消費者物価が徐々に上昇してきたことを受けて、ＦＲＢは２００４年６月より利上げを開始しました。ＦＦレートは２００６年６月には５・25％に達しました。利上げにより、住宅ローン金利も上昇しますので、住宅市場に悪影響を及ぼします。

このときの住宅ブームにおいては、返済能力が低い借り手にまでも銀行がサブプライム・ローンと呼ばれる住宅ローンを積極的に供与していました。同ローンは当初、支払い金利が低く、一定期間を経た後に、支払い金利が上昇する条件のローンも多くありました。それでも借り手は、数年後に有利な条件で借り替えを行うか、担保である住宅の価格が上昇して売却益が期待できるという前提で住宅を購入しました。しかし、住宅ローン金利が上昇し、2006年に住宅価格が下落に転じ始めると、返済が滞る借り手が急増しました。

一方、金融市場では、サブプライム・ローンを証券化した商品が積極的に組成され、より高い金利を求めて世界中の金融機関が投資しました。2007年に入ると、住宅ローン、とりわけサブプライム・ローンの借り手の延滞率が顕著に上昇し始めると同時に、サブプライム・ローンの証券化商品の価格も急激に下落し始めました。

2007年2月、英国本籍の世界最大級の銀行であるHSBCがサブプライム・ローンに関連して10億ドルの引き当てを行いました。7月には大手格付け機関によるサブプライム関連の証券化商品の格下げが行われました。8月にはドイツの中堅銀行であるIKB産業銀行の損失が公表され、政府系金融機関による資金支援の方針が明らかになりました。

8月9日にはフランスの大手銀行のBNPパリバが、傘下のファンドを凍結すると発表しました。米国以外の金融機関から、サブプライム関連の損失の発表が相次ぎ、世界中の金融機関で損失が拡大するとの懸念が高まります。そして欧米の銀行間金利が急激に上昇するなど、金融市場が麻痺し始めました。

2008年に入ると、米国のモノライン保険会社に対する懸念が高まりました。モノラインは証券化商品に関して、CDS（Credit Default Swap）と呼ばれる契約を金融機関などと締結していました。保証料を受け取る代わりに元本を保証する契約です。

多くの証券化商品の価格が急激に下落するなか、モノラインの支払い能力が疑問視されました。モノラインは１９７０年代に設立され、州政府、地方政府が発行する債券の保証業務が本業でしたが、徐々に業務範囲を拡大し、ＣＤＳまで手を広げていました。また、ＡＩＧのような巨大な保険会社もその渦中にありました。

３月には全米第５位の投資銀行（日本の証券会社に相当）であるベアスターンズがＪＰモルガンに買収されました。このとき、ベアスターンズの不良債権の処理に関連して、ニューヨーク連銀が２９０億ドルの融資を行ったことから、公的関与が強まったとの印象が強まり、金融市場・株式市場は一時、小康状態に入りました。

この年の夏にはフレディー・マックやファニー・メイといったＧＳＥ（Government Sponsored Enterprises）に対する懸念が高まりました。ＧＳＥは米国における住宅や農業関連の政府後援企業で、住宅や農業の分野に対して融資や債務保証などの方法で資金の供給を行い、円滑化を図る機関です。米国の住宅市場における主要なプレイヤーです。ところが、住宅ローン証券化商品への投資で大幅な赤字を計上し、大量に発行している債券の償還能力が懸念視されました。米国政府は公的資金を注入し、ＧＳＥを「国有化」しました。

次いで、9月15日、全米第４位の投資銀行であるリーマンブラザーズが負債総額６１３０億ドルで経営破綻しました。ベアスターンズより規模が大きい投資銀行の突然の破綻によって、金融市場は大混乱に陥りました。リーマンブラザーズの資産は自己資本の30倍以上に膨張していました。

全米第4位の投資銀行リーマンブラザーズが負債総額6130億ドルで経営破綻すると、金融市場は大混乱に陥った。

同日、第3位の投資銀行メリルリンチはバンク・オブ・アメリカに買収され、残る有力投資銀行のゴールドマン・サックスとモルガン・スタンレーは、21日に銀行持株会社へと業態を変更しました。AIGも16日に政府管理下に置かれました。米政府、FRBはAIGへ最大850億ドルのつなぎ融資を実行することを決定しました。AIGは先ほど説明したCDS市場で巨額の取引残高を有し、同社が破綻すれば金融機関が連鎖的に破綻するリスクが懸念されたためです。

サブプライム問題の核心は、①住宅価格が上昇し続けることが前提だった、②分散効果が発揮されなかった、③レバレッジが拡大した、の3つにあると言えるでしょう。

バブル期の日本では「土地神話」の下で土地の値段が下がることはありえない、と思われていました。米国では「住宅神話」とも言うべき状況にあったと言えるでしょう。

米国の連邦住宅公社監督局は1975年から全米の住宅価格指数（1980年＝100）を公表していますが、2007年1－3月期に378のピークを付けるまでほぼ一貫して上昇しました。特に、2003年以降はこの上昇ペースの角度が高まり、過熱感があったと言えます。この状況のなかで「住宅価格は上昇する」との前提が生まれたわけです。

サブプライム・ローンの場合、住宅ローンを多数集め、それを証券化し、さまざまな投資家へ提供することでリスクの分散を図ったわけですが、キャッシュフローを生み出す元々の資産は住宅ですので、住宅市場が下落すれば、基本的には関連する派生商品も下落するため、分散効果が働きにくかったと考えられます。

レバレッジとは梃子のことを指しますが、サブプライム・ローンに絡み、多くの投資家がレバレッジを利用していました。後述するLTCMショックでも登場します。例

リーマンブラザーズ破綻に続き、メリルリンチがバンク・オブ・アメリカに買収されるニュースが流れると、株価は大きく値を下げた。

米議会下院監視・政府改革委員会で証言するリーマンブラザーズのリチャード・S・ファルド・ジュニア会長兼CEO。

えば、自己資金が1億円あるとします。証券化商品の利回りが5％とすると利子収入は500万円となります。一方、銀行から資金を借り入れる際の金利が2％である場合、自己資金1億円に加えて、銀行から1億円借り入れて投資する場合、追加で差し引き300万円（1億円×（5％－2％））の利息が入ります。結果、2億円へ投資額を倍にすることにより、自己資金による500万円と銀行借り入れによる300万円の合計の800万円の利子、つまり4％の利回りを達成できます。

投資資金を借り入れにより膨張させ、利益を拡大する、これがレバレッジの仕組みです。予定どおりの利回りが実現できればいいのですが、米国の住宅価格のように大きく下落した場合には、損失が逆に拡大する結果となります。サブプライム・ローンに絡む損失が巨大化した要因はこのレバレッジにありました。いわば、ゴムが伸びきった状態と言えます。

●……危機の収束

危機的な状況を受け、ＦＲＢをはじめとした各国中央銀行は、大量のドル資金供給や協調利下げによって、金融市場の安定化へ動きました。米国では２００８年10月に総額７０００億ドルの金融安定化法案を成立させ、銀行への資金注入や不良債権の買取りの仕組みを整え、２００９年２月には７８７０億ドルの景気刺激策を打ち出しました。

さらにＦＲＢは国債などの証券を買い取ることで、金融市場に資金を大量に供給するという、従来とは異なる金融政策を断行しました。２００９年３月にはＭＢＳに加え国債の購入も含めた量的緩和（ＱＥ：Quantitative Easing）を開始し、２０１４年10月に終了するまで３回にわたり実施されました。この３回にわたる証券の購入額の合計は３兆９５５０億ドルにのぼりました（１ドル＝１２０円換算で４７５兆円）。

欧州における政策対応は、後ほど「欧州財政危機」で詳しく説明します。中国政府は、実体経済の悪化に歯止めをかけるべく、２００８年11月に総額４兆元の経済対策を発表しました。各国による財政・金融両面の政策対応によって、２００９年春に世界の株式市場が底打ちとなり、金融市場も落ち着き始めました。

◉……危機から教訓と投資への示唆

サブプライム問題から欧州財政危機が収束に至る過程を俯瞰すると、最も大きな役割を果たしたのは中央銀行の金融政策と考えられます。特にFRBが行ったQEは、その後の金融市場の安定や株式市場の回復、上昇に大きく寄与しました。

ニューヨークダウは、ITバブルの最中である2000年1月14日に1万1722ドルと史上最高値を付けますが、ITバブル崩壊により2002年10月9日に7286ドルへ下落しました。その後、FRBの利下げなどを受けて上昇に転じ、2007年10月9日に1万4164ドルで当時の史上最高値を更新しました。サブプライム問題の顕在化、リーマンショックを経て、2009年3月9日には6547ドルまで下落しました。

2008年10月の総額7000億ドルの金融安定化法案、2009年2月の7870億ドルの景気刺激策、3月のFRBによるQEの開始を受けて底打ちしました（図2–2参照）。2015年に入り、5月19日には1万8312ドルと史上最高値を更新しています。

サブプライム問題・リーマンショック時に「黒い白鳥（ブラックスワン）」という言葉が流行しました。「黒い白鳥」とは、通常ではありえないような出来事が発生することを意味します。

サブプライム問題・リーマンショックは、それまで右肩上がりであった米国の住宅価格が下落することはありえないという前提でサブプライム・ローンが安易に供給され、回収

図2-2　米国の金融指標の推移

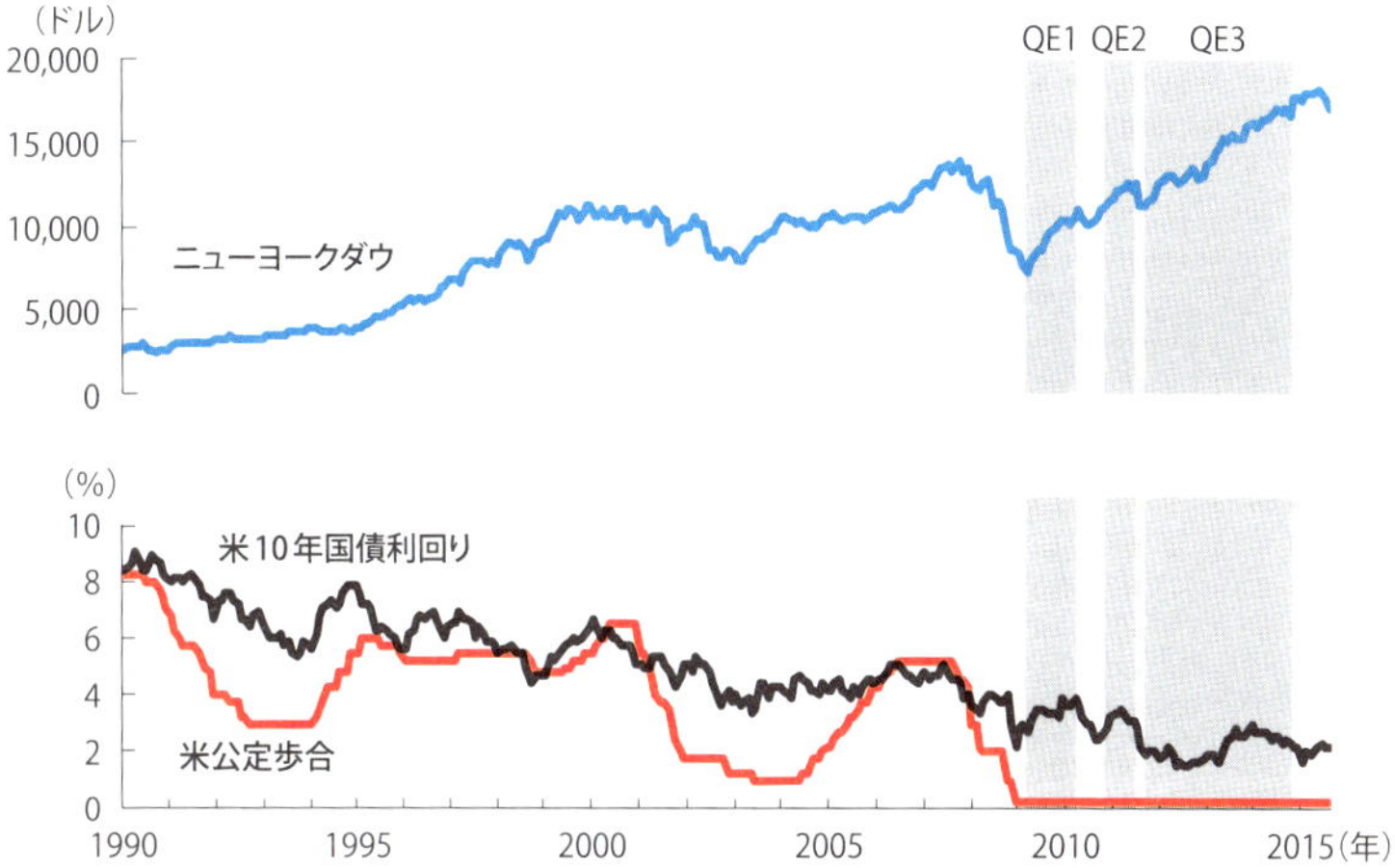

（注）データは月次で直近値は2015年8月。QEは量的緩和（Quantitative Easing）。
（出所）Thomson Reuters Datastreamより野村證券投資情報部作成。

不能となりました。さらに、そうしたローンを裏付けとした証券化商品の価格が下落したことに加え、証券化商品やその証券化商品を組み合わせて再発行された債務担保証券（CDO）の格付けは、通常ではありえないほど大量に、集中的に、大幅に格下げされました。格付けに過度に依存していた投資家をパニックに陥れ、市場は混乱し、世界景気は急減速しました。

また、レバレッジに関しては、2013年に野村證券のリサーチ部門が検証したところによれば、「5-30ルール」との結果が得られました。米国、日本、欧州、中国など経済規模の大きい国、エリアにおいて、「5」年間で国内信用の対GDP比率が「30」%ポイント急増すると、その後金融危機が発生するとのパターンです。

国内信用とは、国内預金受入機関が抱える債権で、貸出債権、公債、社債を指します。サブプライム問題でもこのルールが当てはまります。先にお話しした日本のバブル形成から崩壊の過程、次にお話しする欧州危機でも有効です。実は、２０１３年までの中国にも当てはまりますので、中国経済の動向も注視する必要があるでしょう。

経済、市場が活況を呈している場合でも「ゴムが伸びきった」状態にないか十分に注意する必要があるでしょう。

教訓

▼投資対象の分散が肝要
▼永遠の右肩上がりはありえない
▼レバレッジが効いてゴムが伸びた状態には注意が必要
▼株価底入れのきっかけは公的資金の注入と大規模な金融緩和

3 欧州財政危機

◉……危機の背景

欧州の財政危機を理解するためには、戦後の欧州統合の歴史を振り返る必要があります。第2次世界大戦で疲弊した欧州諸国は、戦禍を二度と繰り返さないとの強い意志の下、経済復興を目指すため、1951年にパリ条約を締結しました。当時の西ドイツ、フランス、イタリア、オランダ、ベルギー、ルクセンブルクの6カ国がECSC（欧州石炭鉄鋼共同体）を設立しました。当時の主要エネルギー源である石炭、基幹産業である鉄鋼において自由貿易圏を形成し、障壁を撤廃しました。

次いで、1957年に締結されたローマ条約に基づき1967年にEC（欧州共同体）が発足しました。翌年の1968年にECは自由貿易圏から関税同盟へ発展し、共通の通商政策と農業政策がとられることとなりました。1992年にはEU（欧州連合）設立条約となるマーストリヒト条約が結ばれ、EU政策の3大柱であるEC、CFSP（共通外交・安全保障政策）、CJHA（司法・内務協力）が形成され、ここに現在のEUが誕生しました。

ＥＣ、ＥＵが設立され、求心力が強まる過程で加盟国は順次拡大しました。１９７３年の第１次拡大により英国、アイルランド、デンマーク、１９８１年の第２次拡大においてギリシャ、１９８６年の第３次拡大でスペイン、ポルトガルがそれぞれ当時のＥＣに加盟しました。１９９５年の第４次拡大では、オーストリア、スウェーデン、フィンランドが加盟し、ＥＵは15カ国体制となりました。

その後、２０００年にＥＵ統合の深化、および中東欧諸国などへの拡大を見据え、ニース条約が合意されましたが、同条約に基づいて２００４年にチェコ、スロバキア、ハンガリー、ポーランド、エストニア、スロベニア、ラトビア、リトアニア、マルタ、キプロスの10カ国のＥＵ加盟が承認されました。現在、加盟国は28カ国です。

ＥＵの共通経済政策の柱の１つが通貨統合です。マーストリヒト条約において加盟条件が決定され、１９９９年１月１日にドイツ、フランス、イタリア、スペイン、オランダ、オーストリア、アイルランド、ベルギー、ルクセンブルク、ポルトガル、フィンランドの11カ国が参加し、共通通貨であるユーロが発足しました。ＥＣＢ（欧州中央銀行）も発足し、単一の金融政策が開始されました。２００２年１月１日からハードカレンシー、つまり紙幣、貨幣の流通を開始しました。現在、加盟国は19カ国です。

このように、戦後の欧州は統合の歴史であり、将来的には政治統合も視野に入っています。同じ欧州とはいえ、異なる国が統合するわけですから、「統合の規律をいかに遵守するか」

欧州中央銀行が発足し、EUで単一の金融政策が開始されると、2002年1月1日からハードカレンシーの流通も開始した。

が求心力の点で重要なポイントであり、国際通貨を目指すユーロの信認にかかわる問題です。

共通通貨であるユーロに加盟するためには、「マーストリヒト条約」が規定する次の4つの条件を満たす必要があります。通貨の信認を裏付ける条件と言えます。

①**インフレ**：物価安定の観点から、インフレ率が最も低い3カ国の平均から1・5％ポイント以内に収まっていること。

②**財政**：年間の財政赤字はGDPの3％以内、政府債務残高はGDPの60％以内。

③**為替相場の安定**：2年間にわたって極度の緊張に陥る、あるいは切り下げを行うことなく、為替相場メカニズム（ERM）における通常の変動幅に収まっていること（ERMについては「ソロス対英国中銀」を参照）。

④**長期金利**：インフレ率が最も低い3カ国の

ユーロ通貨の流通が開始されると、フランスの首都パリのセーヌ川に架かるポン・ヌフが装飾され、新しい時代の幕開けを祝った。

平均金利水準の2%ポイント以内に収まっていること。

ユーロ加盟後も参加国は「安定成長協定」と呼ばれる規則に従うことが求められます。年間の財政赤字はGDPの3%以内、政府債務残高はGDPの60%以内という基準を設定し、過大な財政赤字を解消できない加盟国に対する制裁措置が規定されています。財政赤字が3%を超えた場合、GDPの0・2%から0・5%が罰金として科されます。

こうした規律で運営されてきた共通通貨ユーロですが、米国発のサブプライム問題・リーマンショックが欧州経済にも降りかかっている最中、ギリシャにおいて2009年10月の政権交代により、財政統計が不当に操作されていたことが明らかとなりました。2009年の赤字幅はGDP比14%にも及んだことが明らかにされ、ギリシャの財政が持続可能であるか市場の懸念が深まり、不安が欧州全般に広がりました。ユーロの制度設計、あるいはマネジメントそのものが問われ、現在に至っています。

◉……危機の展開

欧州各国も金融危機によって、金融システムや不動産市況が悪化し、景気が落ち込みました。各国政府は証券化商品の価格下落や景気悪化による不良債権の増加などで苦境に陥った金融機関の救済に動きました。しかし、政府自体の信用が揺らいでいきました。経済規模に比べて銀行の損失が大きい場合、救済を行う国自体の信用力が問われ、ソブリン（政府や政府機関）危機の様相が強まっていきました。

ユーロ加盟国は、加盟国間で経済力やインフレ率などに格差が存在するなかで同一通貨を流通させ、同一の金融政策の下で経済運営を行ってきましたので、困難な状況に陥ることになりました。金融危機前までは、インフレ率が高いにもかかわらず、現実の金利水準が適切な金利水準を下回っていた国では、実力以上に景気が拡大することになります。その結果、金融危機によって景気悪化の程度も大きくなりました。ユーロ圏のなかではギリシャ、ポルトガル、アイルランド、イタリア、スペインの5カ国の経済状態が脆弱となり、財政状況も悪化していきました。

長期国債の利回りが急上昇し、市場において国債発行による資金調達が極めて困難な状

ギリシャは市場での国債発行による資金調達が困難となり、IMFとEUによる合計1100億ドルの金融支援が決定された。

況となりました。国債利回りの上昇（価格の下落）により、「それを保有する金融機関のバランスシートが悪化する→金融機関を救済すべく国が資本注入などの施策を講じると国の財政が悪化する→さらに国債利回りが上昇する」という負の循環に陥りました。

前述のとおり、ユーロ加盟国には財政の健全性を維持する義務があり、積極的な財政出動による景気対策を打つことができません。

ギリシャの10年国債利回りは２００９年９月時点で４・５％前後でしたが、２０１０年４月には７％を超える水準まで上昇しました。ギリシャは市場での国債発行による資金調達が困難となり、ＩＭＦ（国際通貨基金）とＥＵによる合計１１００億ドルの金融支援が２０１０年５月に決定されました。同月に、アイルランド、ポルトガルを対象としたＥＦＳＭ（欧州金融安定メ

図2−3　欧州株価指数とイタリア国債利回りの推移

（注）データは週次で直近値は2015年8月28日。
（出所）Thomson Reuters Datastreamより野村證券投資情報部作成。

カニズム）、6月にアイルランド、ポルトガル、ギリシャを対象としたEFSF（欧州金融安定ファシリティー）という金融支援制度が発足しましたが、市場好転の契機にはなり得ませんでした。

イタリアの10年国債利回りは2011年12月、スペインの10年国債利回りは2012年7月にそれぞれ危険水域と言われた7％を上回りました（図2−3参照）。特に、ユーロ圏のなかで、ドイツ、フランスに次ぐ第3位の経済規模を有するイタリア（ユーロ圏GDPの約17％）が財政破綻した場合には大混乱に陥るとのリスクが強く意識されました。市場には、FRBと同様にECBがQE（量的緩和）を導入し、国債市場を支えるべき、との期待が根強くありました。

◉……危機の収束

株式市場、国債市場の転換点となったのは、

ECBが2011年12月に3年物LTRO（長期資金供給オペレーション）の導入を決定し、2012年6月にESM（欧州安定メカニズム）から銀行への資本注入が認めたれたこと、同年9月にECBがOMT（証券買い入れプログラム）の導入を決定したことでした。

LTROとは、ECBが銀行に対して、使途自由、貸出期間3年、金利1％で、上限なく資金を供給する制度です。LTROは3回実施され、合計で1兆1165億ユーロ（1ユーロ＝136・8円換算で約153兆円）の巨額の資金が供給されました。

また、OMTとは、ECBが償還までの残存期間1～3年の国債を買い入れる制度で、期限、金額の制限はありません。いまだに発動されていませんが、「イザ」というときには、ECBが無制限に国債を買い支える、との安心感が広がりました。

この間、ギリシャでは、2012年5月に総選挙が行われ、連立与党である中道右派の新民主主義党と中道左派の全ギリシャ社会主義運動が合計で過半数を獲得できず、組閣ができませんでした。6月に再度総選挙が実施され、両党で過半数を得て政権が発足しました。5月の総選挙では、緊縮財政に反対する急進左派連合が野党第一党へ躍進しましたが、仮に急進左派連合の政権が樹立した場合、ギリシャの債権者であるIMF、EU、ECBとの対立が先鋭化する、あるいはユーロから脱退するのでは、との懸念が続きました。

ギリシャ政府は緊縮財政に取り組んできましたが、それにも限界があり、2012年2月に7割の債権放棄を提案しました。翌3月には、95・7％の民間投資家が債権放棄に応

EUやIMFの要求によってギリシャ政府が歳出削減、増税など緊縮財政を実施すると、各地で反対デモが広がった。

じる形で、ギリシャ政府は1000億ユーロの債務削減を実施しました。

「先進国クラブ」と呼ばれるOECD（経済協力開発機構）加盟国のデフォルト（債務不履行）は1978年のトルコのみであり、それ自体がかなりのショックでした。ただし、いきなりデフォルトを宣言することではなく、事前に債権者と調整したうえでのデフォルトであったため、天地をひっくり返すような騒ぎにはなりませんでした。

その後、大統領の選出に失敗したことを受け、サマラス首相は2015年1月に総選挙を行うことを表明しました。この総選挙の結果、反緊縮財政を掲げる最大野党である急進左派連合が第1党に躍進し、党首のツィプラス氏が首相に指名され、新政権が誕生しました。

急進左派連合は共通通貨制度であるユーロか

反緊縮財政を掲げる急進左派連合が第1党に躍進し、党首のツィプラス氏が首相に指名され、新政権が誕生した。

ら脱退する、との意見表明をしたことはありませんが、ユーロから脱退するのではとの市場の懸念は続きました。EUから脱退する規定はリスボン条約にありますが、ユーロから脱退する規定はありません。

仮に、ギリシャ政府が一方的に脱退を宣言した場合、ギリシャ経済は大混乱に陥ること必至でしょう。ギリシャも共通通貨であるユーロに守られていますので、ユーロを脱退して仮に新ドラクマ（ユーロ加盟前のギリシャの通貨）を採用した場合、市場からの信認が得られませんので、新通貨は急落するでしょう。

通貨が急落すればインフレが急騰し、国民生活はさらに疲弊するでしょう。世論調査を見ると、7割以上の国民がギリシャはユーロにとどまるべきと答えていますので、現実的ではないかもしれませんが、常に頭をよぎる懸念です。

ギリシャがユーロから脱退した場合、連鎖的に財政赤字の大きい他のユーロ加盟国の国債の価格が下落するリスクがありますが、前述のOMTにより、それを防ぐことが可能と考えられています。OMTが制度化されたことには大きな意義があります。

その後、ついにECBは2015年1月22日にQE、すなわち量的緩和の導入を決定しました。それ以前にすでに購入している資産担保証券、カバード・ボンド（金融機関が保有する住宅ローンなどの債権を担保として発行する債券）に加えて、国債、政府機関債、欧州機関債を買い入れ対象としました。

毎月600億ユーロの買い入れを2015年3月に開始し、少なくとも2016年9月末まで実施する予定です。ECBのインフレ目標である「2％未満で2％近く」が持続的に見通せるまで続けるとしています。2016年9月末までの19カ月間で購入する資産の総額は1兆ユーロを上回ります（1ユーロ＝136・8円換算で約150兆円）。

◉……危機から教訓と投資への示唆

共通通貨ユーロは歴史上初めての試みであり、壮大なアイディアと言えます。本来ならば、経済統合の下では社会保障制度や税制なども統一されるべきでしょう。ユーロの加盟国は19カ国ですが、もちろん、産業構造とその競争力、税制などの財政制度、社会保障制度など各国各様です。ドイツは伝統的に規律を重んじる気質であり、拡張的な財政赤字や大規模な金融緩和に対して否定的です。一方、イタリアやスペインなど、南欧の国はそうした政策に前向きです。集合体としての意思決定には時間がかかりますし、経済政策の効果も一様ではありません。しかし、国際通貨としてのユーロの信認を市場から得るためには弱みを見せてはいけません。後述する「ソロス対英国中銀」で明らかにしますが、制度上の弱みが隙を与えてしまいます（185ページ参照）。

それでも、「時間はかかるけれども、何とかコンセンサスを形成して、最悪の事態を避ける」のが欧州の物事の進め方、と言えるかもしれません。

現在進行形ではありますが、欧州財政危機においても、中央銀行による大規模な資金供給の仕掛けが相場反転の契機となりました。特に、ユーロ圏の場合、財政規律のしばりがありますので、その分、中央銀行へ依存する度合いが強まることになり、市場におけるQEへの期待そのものが株価や国債価格の上昇を促してきた面も多分にあります。

教訓

- ▼制度上の弱みが隙を与えてしまう
- ▼株価、国債価格底入れのきっかけは中央銀行の証券購入制度の決定

パターン❷ 中央銀行による大規模な資金供給や財政出動

このパターンでは、中央銀行による大規模な資金供給や財政出動が危機を収束させ、株価反転となった事例について取り上げます。①米国のITバブル、②日本の証券不況、③日本の昭和恐慌、④米国発の世界恐慌、が代表的な事例です。

パターン② 中央銀行による大規模な資金供給や財政出動

1 米国のITバブル

◉……危機の背景

IT(Information Technology)は情報技術を表す言葉です。ITバブルは1990年代後半から2000年代初頭にかけて米国を中心に発生した、情報通信関連企業の株価の急騰と急落の局面を指します。1990年代後半に米国でITバブルが発生した背景には、情報

マイクロソフトが1992年にWindows 3.1を発売、1995年にはその改良版の Windows 95を投入すると、PCが企業や家庭に瞬く間に普及した。

通信技術の発達と、通信関連の規制緩和がありました。株式市場は、それらによる新しいサービスやビジネスモデルの開発、新規参入機会の増加による投資機会への期待が膨らみました。

１９８０年代にコンピュータの専門知識を持たない人でも使える「パーソナル・コンピュータ（ＰＣ）」が普及し始めました。アップルコンピュータの Macintosh が１９８４年に発売されたことを皮切りに、１９９２年にはマイクロソフトが Windows 3.1 を発売、１９９５年にはその改良版の Windows 95 を投入し、企業や家庭に瞬く間に普及しました。

ＰＣが普及した背景には、家庭やオフィスのＰＣを通信回線でつなぐインターネット技術の普及がありました。インターネット技術は元々、１９６９年に米国防省がネットワーク研究のために開発を始めたことに始まります。１９９３

年に米国でモザイクと呼ばれるウェブサイト閲覧のソフトウェアが開発され、以後、利用が拡大していきました。1995年8月9日には、検索エンジンを提供するネットスケープが株式を公開しました。

1993年に就任したクリントン大統領は、この年に情報スーパーハイウェイ構想（NII：National Information Infrastructure）を発表しました。2015年までに光ファイバーを用いた高速デジタル通信網を全米に張り巡らし、家庭、公共施設、企業、政府を広範に結ぶ構想です。1996年には連邦通信法が改正され、地域電話事業とケーブルTV事業の相互参入、長距離通信事業と地域通信事業の相互参入、新規参入が容易になりました。

情報技術を駆使した新しいサービスがもたらす世の中の変化は「IT（情報通信）革命」と呼ばれました。インターネットが効率的に低コストで情報を伝達するという特徴を活かし、数多くの企業が設立されました。例えば、eコマース（電子商取引）企業は全米のみならず、世界中のインターネット利用者を顧客対象とすることが可能となりました。また、ネットに接続している時間が長くなるに従い、検索エンジンやポータルサイトは、新聞・雑誌のような紙媒体や、テレビやラジオなどの放送媒体から、企業の広告を奪いました。

IT革命では景気循環に対する考え方や、企業評価について従来とは異なる評価手法や尺度が提起されました。一例として、ニューエコノミー論が挙げられます。大量生産型の製造業や店舗を構えた小売業など、従来型の企業群に対し、ITを駆使したeコマース企業などに代表される、新しいビジネスを総称する言葉として使われました。これらの企業は既存の業種から顧客を奪い、成長すると見られていました。

また、技術革新によるサプライチェーン・マネジメント（ＳＣＭ）の改善で、景気循環（在庫循環）が消滅するのではないかと考えられました。ＳＣＭとは、調達・生産・在庫・販売のそれぞれの段階における部分的な最適化のみならず、納入業者や顧客企業まで含めた全体の最適化を図る経営管理手法です。１９９０年代後半に企業内で情報関連投資が行われ、ＳＣＭの改善が進められたことから、見込み生産から生ずる在庫循環による景気変動が消滅するのではないかと期待されました。

このような新しい評価を背景に、ニューエコノミーに属する企業の成長に対する期待が膨らみました。当時の株式市場の期待の高まりを、ＰＥＲ（株価収益率）の推移で確認しましょう（図2－4参照）。ナスダック総合指数のＰＥＲの推移を見ると、１９９６年から１９９８年にかけて20倍程度から30倍前後へと緩やかに上昇していました。１９９９年に入ると40倍程度にまで上昇し、同年末にかけては70倍を超える水準にまで達しました。

米国の株式市場を代表する株価指数であるＳ＆Ｐ５００指数のＰＥＲも、１９９６年には15倍程度でしたが、１９９９年から２０００年には25倍程度へ上昇しました。当時のデータが入手可能なＳ＆Ｐ５００構成企業の長期（今後3～5年程度の）ＥＰＳ（1株当たり利益）成長率も、２０００年から２００１年にかけて急上昇しました。このような企業の高

図2-4　ナスダック総合指数のPERの推移

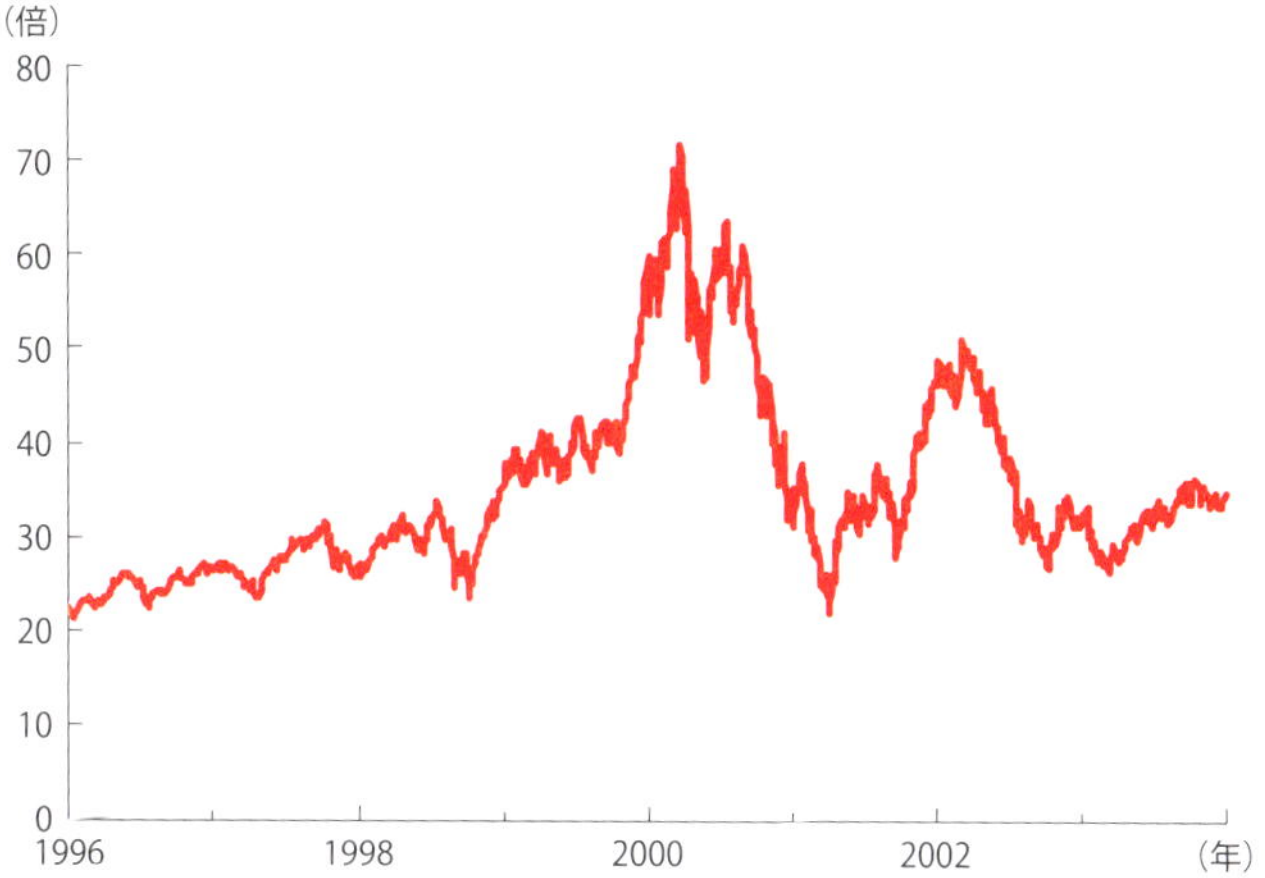

(注) 当時の予想ベース。データは日次で最後の値は2003年12月31日。
(出所) Thomson Reuters Datastreamより野村證券投資情報部作成。

成長に対する期待が従来にはない高いPERが正当化された背景にあると考えられます。

米国の消費者物価は1997年には下落傾向にありました。アジア通貨危機の余波などもあり、1998年にFRBは3度の利下げを実施しています。その後消費者物価は底入れし、1999年には上昇に転じましたので、FRBは経済の過熱感を警戒し始めました。

当時のグリーンスパンFRB議長は1999年10月の講演で、一般論として「バブルは破裂してみて初めてわかる」と発言しました。当時の株価上昇について、投機的なバブルの可能性を危惧していたと推察されます。

景気過熱と株価の投機的な動きに対する警戒感を強めたFRBは、1999年6月30日に政策金利であるFFレートを4・75%から5・0%へと引き上げ、引き締めに転じました。

1999年は米国のみならず世界中でプログラムが誤作動するかもしれない「コンピュータ2000年問題」への対応に迫られた。

◉……危機の展開

１９９９年は米国のみならず世界が「コンピュータ２０００年問題」への対応に迫られていました。コンピュータ２０００年問題とは、コンピュータ・プログラムで日付を扱う際、西暦の年数を下２桁で表示すると、西暦２０００年を１９００年とみなし、システムが誤作動してしまうという問題です。

このような警戒感を背景に、不測の事態に備えて商品在庫を過剰に積み増す、金融機関から多額の預金を引き出す、といった行動を多くの企業がとった場合、市場のバランスを崩しかねないとＦＲＢは危惧していました。つまり、２０００年問題そのものではなく、過度の警戒感により市場が混乱しかねないとの危惧です。

ＦＲＢは１９９９年末にかけて、十分な資金を供給できる体制を整えると強調し、マネタリーベース（銀行券と準備預金の合計）を大幅に増加させました。例年、資金需要が高まる年末には通常よりも多めの資金供給を行ってきましたが、1999年末は特に潤沢な資金供給を行いました。FRBは景気の過熱と株価の急上昇を警戒し利上げをする一方で、市場に大量の流動性を供給することになりました。このことが、ナスダック総合指数が1999年に大幅に上昇した大きな要因となりました。

結局、2000年問題は大きなトラブルへ発展しませんでした。このためFRBは追加的なマネタリーベースの供給を停止し、2000年2月には通常の供給ペースに戻しました。加えて、FRBは2000年に入ってからもFFレートの引き上げを続けました。当時のグリーンスパンFRB議長は「10年後に振り返ればバブルかもしれない」と1月13日の講演会で発言しており、株高と景気過熱への警戒を強

当時のグリーンスパンFRB議長は、1990年代後半の株価上昇について投機的なバブルの可能性を危惧していた。

めていたと推察されます。

資金供給、政策金利とも引き締めスタンスとなったため、その後、徐々に長期金利が上昇しました。その結果、景気が減速して企業収益が落ち込むことが懸念され始めました。ニューヨークダウは、2000年1月14日の1万1722ドルをピークに、ナスダック総合指数やS&P500指数よりも先に下落に転じました。

一方、2000年問題を大きな問題もなく乗り越えたことにより、ニューエコノミー関連とみなされていた企業に対しては、引き続き強気の見方が大勢を占めることとなりました。個人のお金が投資信託などを通じてハイテク関連銘柄へ集中的に流入し、ナスダック指数はニューヨークダウが下落に転じた後も上昇を続けました。同指数は2000年3月9日に終値ベースで初めて5000ポイント台に乗せ、3月10日には史上最高値の5048ポイントをつけました。

FRBは引き続き景気過熱を警戒し、利上げは2000年5月まで続き、FFレートは6・5%まで引き上げられました。金融引き締めが徐々に効き始め、ナスダック総合指数は下落に転じました。

◉……危機の収束

2000年3月をピークとしたITバブル崩壊後、ナスダック指数は2002年10月9

図2−5　ナスダック総合指数の推移

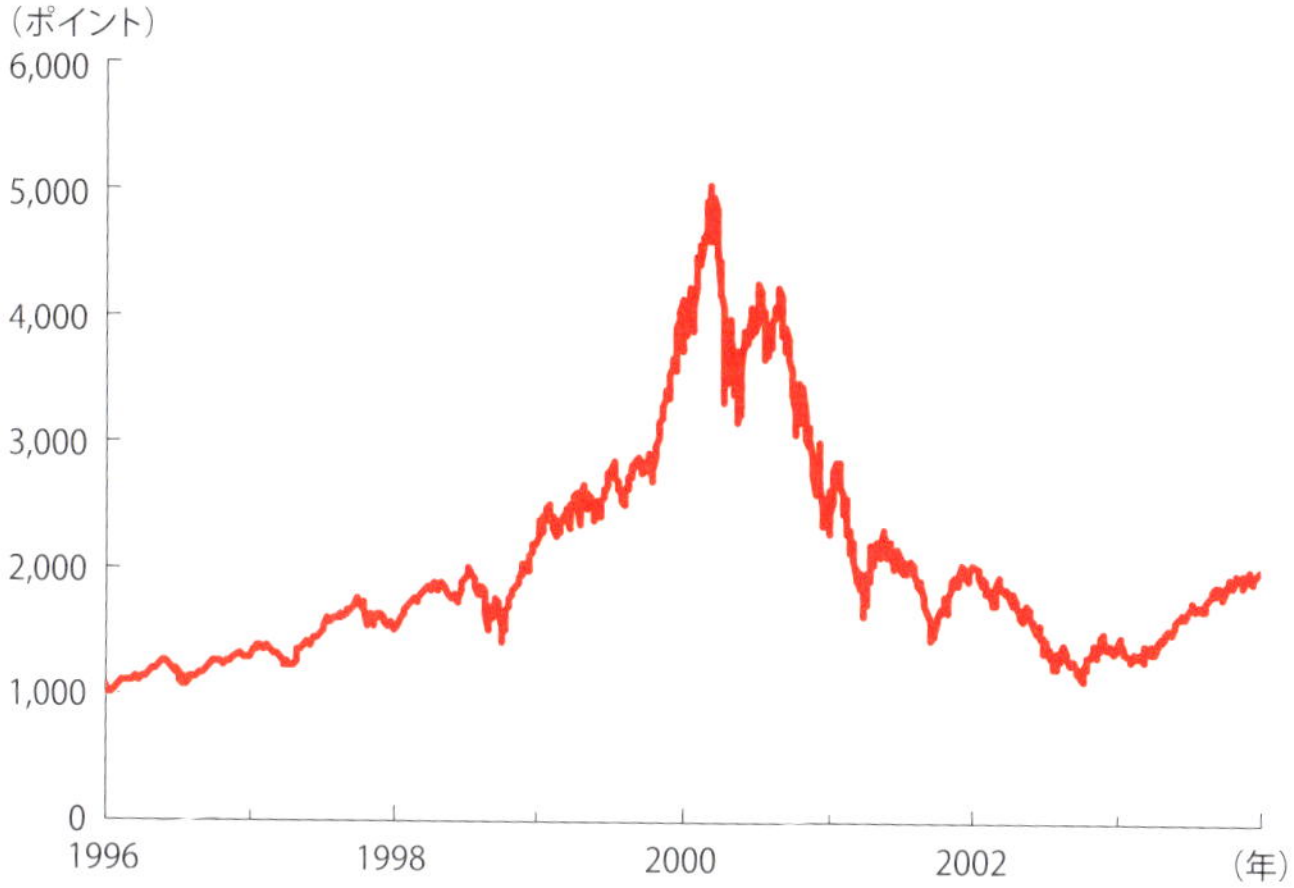

（注）データは日次で最後の値は2003年12月31日。
（出所）Thomson Reuters Datastreamより野村證券投資情報部作成。

日に１１１４ポイントで底値を付けるまで、ほぼ2年半の間下落しました。この間の下落率は78％にも及びました（図2−5参照）。

ＩＴバブル期の景気の牽引役は企業の設備投資でした。ＩＴ革命がもたらす通信需要量の拡大への期待から、長距離電話施設やインターネット・バックボーン（高速大容量の基幹ネットワーク）、データセンターなどへ積極的な投資が行われました。計画された投資案件が実行に移され、設備投資の拡大は２００１年まで続きました。その後、設備投資の減少により米国景気は２００１年３月をピークに景気後退局面に入りました。

ＩＴバブル崩壊後の景気後退は比較的浅く、米国経済は２００１年11月を底に回復局面へ移行しました。景気回復の要因の１つは、ＦＲＢが２００１年１月に金融緩和に転じ、政策金利を引き下げたことです。FFレートを6・5％から6・0％へ引き下げました。その後2003年6月まで継続的に利下げを行い、FFレートを当時の史上最低水準である1・0％まで引き下げました。

●……危機からの教訓と投資への示唆

ITバブルの発生と崩壊の過程を見ると、株価バブルを助長した要因として、中央銀行による流動性の供給が大きな役割を果たしたことがわかります。

IT革命による新しいビジネスモデルの登場や、通信規制緩和による新しい成長機会への投資家の期待もありました。しかし、1999年後半にかけて株価が急速に上昇した背景には、やはり中央銀行による資金供給が影響していると考えられます。

1996年12月5日、当時のグリーンスパンFRB議長は講演会で「根拠なき熱狂」との言葉で株式市場を表現しました。その要旨は次のとおりです。

「何の価格が重要なのかについて、どこに線を引くべきでしょうか。現在生産されている財やサービスの価格はインフレの基本的な指標であり、確かに重要です。しかし、将来の価格はどうなのでしょう。それ以上に重要なことは、将来の株式や不動産の価格はどうなのでしょう。これらの価格の安定は、経済の安定に不可欠なのでしょうか。

低インフレが続いていることは明らかに、将来に対する不確実性が低下していることを意味し、株式などの収益性資産の価格上昇を意味します。しかし、根拠なき熱狂によって資産価格が過度に上昇し、その結果、過去10年間の日本のように、長期にわたる予想外の景気収縮を招きかねない状況になったときに、どうすればそれがわかるのでしょう。金融政策の運営にあたって、どのように考慮すればよいのでしょう。

金融資産のバブル破裂が実体経済の安定、すなわち、生産、雇用、物価の安定を脅かす恐れがないのであれば、中央銀行が心配する必要はありません。例えば、1987年のブラックマンデーは、実体経済にほとんど悪影響を与えていません。しかし、資産市場と実体経済の関係を過小評価すべきではないし、それによって自己満足に陥ってはならないのです」

この講演会の前日である、1996年12月4日のナスダック指数のPERは27倍でした。奇しくも、ITバブル崩壊後の安値を付けた2002年10月9日のPERも27倍です。2015年10月19日現在、28倍です。

教訓

▼流動性拡大によるPERの上振れには要注意

2 証券不況

◉……危機の背景

我が国の高度経済成長の初期には、新技術や新商品（例えば、三種の神器と言われた、白黒テレビ、洗濯機、冷蔵庫）が開発され、それが設備投資を生み、企業業績の拡大が家計の所得を押し上げるという自律的な好循環が景気を押し上げました。

1954（昭和29）年11月から始まる「神武景気」（1954年11月〜57年6月）が高度成長の始まりとなりました。1957（昭和32）年には、日本銀行は公定歩合を引き上げ、景気は後退局面に入ることとなりました。

1958（昭和33）年半ばに金融引き締めが解除されると、再度、所得・設備投資の伸びと企業業績回復の好循環が回り始め、「岩戸景気」（1958年6月〜61年12月）と呼ばれる長期の景気拡大が続くことになりました。

1960（昭和35）年12月に、池田内閣が打ち出した「国民所得倍増計画」も民間消費、民間投資を刺激するものとなりました。日経平均株価は1958年から上昇傾向に入りま

岩戸景気に続き、池田内閣が打ち出した「国民所得倍増計画」も民間消費、民間投資を刺激するものとなった。

したが、日本銀行による金融緩和によってさらに勢いづき、1961（昭和36）年7月に金融引き締めが行われるまで上昇相場が続きました。

株価上昇の要因として、経済の高成長と好調な企業業績もさることながら、株式投資信託に対する人気が高まったことが挙げられます。1951（昭和26）年に再開された証券投資信託の募集・設定は、岩戸景気による株価上昇で一段と増加しました。株式投資信託の残高は1956（昭和31）年末の677億円（当時の株式時価総額1兆6404億円に対して4・1％）から5年後の1961年末には1兆0268億円へと拡大しました（同様に当時の株式時価総額6兆1402億円に対して16・7％）。

一方、急成長の影の部分が、その後の証券不況の原因となりました。公社債投資信託は本来家計の貯蓄性資金を中心に集めることが期待されていましたが、証券会社が資金量拡大に走ったため、企業の流動性資金（短期的な資金繰りなどに充てる資金）まで集めていました。ひとたび金融引き締めにより金利が上昇すると、企業の解約請求に対応するため、公社債投資信託に組み入れられた新発債を本業部門（証券会社）が買い取る形で解約資金を調達せざるを得ない状況となりました。

また、当時の「運用預かり」制度が証券会社の資金繰りを潜在的に不安定にしていました。運用預かりとは、証券会社が品借料（運用料）を支払って不特定多数の顧客から債券を預かる制度です。資金繰りのために預かった債券を担保にして短期の資金を借り入れることができたため、金利の上昇は証券会社の資金繰りを窮迫させることになりました。

加えて、当時の株式の発行方式において、「既存株主への割当」と「額面発行による増資」が主流だったことが挙げられます。額面増資は、理論的には株式分割と同様に株価に対して中立です。とはいえ、実際には売買量の増加期待などが後押しとなり、相場活況時には株価上昇の勢いが強まりやすい状況にありました。

◉……危機の展開

このように、1960年代初めにかけて証券市場の活況と景気拡大が継続しました。日本銀行は1961年7月22日に公定歩合を引き上げました。証券会社の経営は金融政策に大きく依存したため、公定歩合引き上げが発表された7月21日には、株価は大幅下落とな

1961年7月22日、日本銀行が公定歩合引き上げを発表すると、株価は大幅下落となり、その後も下落傾向が続いた。

り、その後も下落傾向が続きました。

１９６２（昭和37）年に入っても株価の不安定な動きが続いたため、４月９日に日本証券金融が証券会社に対して貸し付けを実施するとともに、公社債投資信託を巡る証券会社の資金繰りを緩和するため、市中銀行が証券大手４社に対して６月下旬、８～９月の２回、公社債担保融資を行いました。日本銀行が10月27日に公定歩合を引き下げ、11月１日には預金準備率の引き下げなど金融緩和を実施したことや、東京五輪の建設需要などから１９６３（昭和38）年にかけていったん景気は回復しました。

しかし、7月18日にケネディ米大統領が金利平衡税創設などの国際収支改善策（ドル防衛策）を発表したことをきっかけに、株式市場は再度暴落しました。当時の企業業績の状況を概観すると、１９６１年の金融引き締めが日本企業の

ケネディ米大統領が金利平衡税創設などの国際収支改善策（ドル防衛策）を発表すると、日本の株式市場も暴落した。

経常利益の伸び率をピークアウトさせ、1962年の金融緩和が支えとなって業績は回復しています。株価の動きはファンダメンタルズに沿っていたと言えます。

1964（昭和39）年1月10日に、都市銀行12行、長期信用銀行2行、証券大手4社を出資者として日本共同証券会社の設立が発表されました。設立の趣旨は株式市場の需給環境改善のために過剰に発行された株式を買い上げることにありました。市場はいったん下げ止まりましたが、12月には日本特殊鋼やサンウエーブ工業の会社更生法適用申請などの大型倒産により、不況ムードが強まりました。

こうした状況を受けて、証券業界独自の株式買い入れ・保有機関を作ろうという気運が高まり、日本銀行も日本証券金融経由で株式買い入れ資金を供給することになりました。日本証券保有組合が1965（昭和40）年1月に設立され、証券不況対策が新しい局面へ移行しました。日本証券保有組合は、1965年1月から投資信託および株式の買い入れを開始、1－3月期で1733億円の買い入れを行いました。株価は一時上昇したものの、需給を中心とした対応では株式市場の反転にはつながりませんでした。

証券不況のなかで、証券会社の経営は苦しさを増し、1964年9月期の全国証券業者の決算は264億円の巨額の赤字を計上しました。特に山一證券の損失が大きく、同社は資本金80億円（1965年3月末）に対して、累積損失が262億円という状況でした。1965年5月21日付けの『西日本新聞』がこの山一證券問題を報道したため、経営不安が一挙に表面化しました。

山一證券の経営不安が明らかになったことで、山一證券には運用預かり有価証券の払い戻しや投資信託の解約依頼が殺到し、同社の資金繰りは困難となりました。

●……危機の収束

預かり有価証券の解約が他社に広がる兆しが見られたため、深刻な金融システム不安につながる恐れが高まりました。5月28日に大蔵省、日本銀行、主力3行は協議に入り、当時の田中角栄蔵相の主導の下で、日本銀行は主力3行を通じて山一證券に特別融資を行うことを決定し、同日夜に発表されました。

金融システム不安を回避するため、当時の田中角栄蔵相の主導の下で、日本銀行は山一證券に特別融資を行うことを決定した。

　運用預かり有価証券の取り付けは沈静化しました。ただし、投資信託の解約自体は株式市場の回復が明確になるまでの間、しばらく続きました。『日本銀行百年史』によれば、日本銀行としては、この特別融資はあくまでも信用秩序維持のために実施したものであり、山一證券を救済するためではなかったとされています。日本の金融システムの崩壊を避けるためにはやむを得ない選択であったと言えるでしょう。

　実体経済の悪化が株価の下押し圧力となっていたことも見逃せません。1964年の東京五輪に向けて、建設投資などが活発化して景気回復が続きましたが、輸入急増による「国際収支の天井」に対応するために同年3月に公定歩合が引き上げられました。

　「国際収支の天井」とは、当時円は1米ドル＝360円に固定されていましたので、景気拡大によって輸入が増加して貿易収支が赤字になると、ドル支払いが増加して為替レート

佐藤内閣の福田赳夫蔵相は赤字国債を発行するなど積極的な財政政策を講じて株式市場に安心感を与えた。

が維持できなくなるため、金融引き締めを行って景気にブレーキをかける必要があった、という当時の国際収支面からの制約です。

1965（昭和40）年7月27日、佐藤内閣の改造で就任した福田赳夫蔵相が総合経済対策を取りまとめ、税収の落ち込みを補填するために、赤字国債を発行して積極的な財政政策を講じることを発表しました。これは、戦後守り続けてきた均衡財政主義を放棄し、非募債原則（公債（借金）によらない原則）を破る画期的な政策でしたが、こうした政府の積極策が株式市場に安心感を与えたと考えられます。

これと前後して、6月から7月にかけて日本銀行も公定歩合と預金準備率を引き下げ、金融緩和策を強化しました。

1965年7月12日を大底に、株価は上昇に転じました（図2−6参照）。企業業績と株価の動

図2-6　証券不況期の金融指標の推移

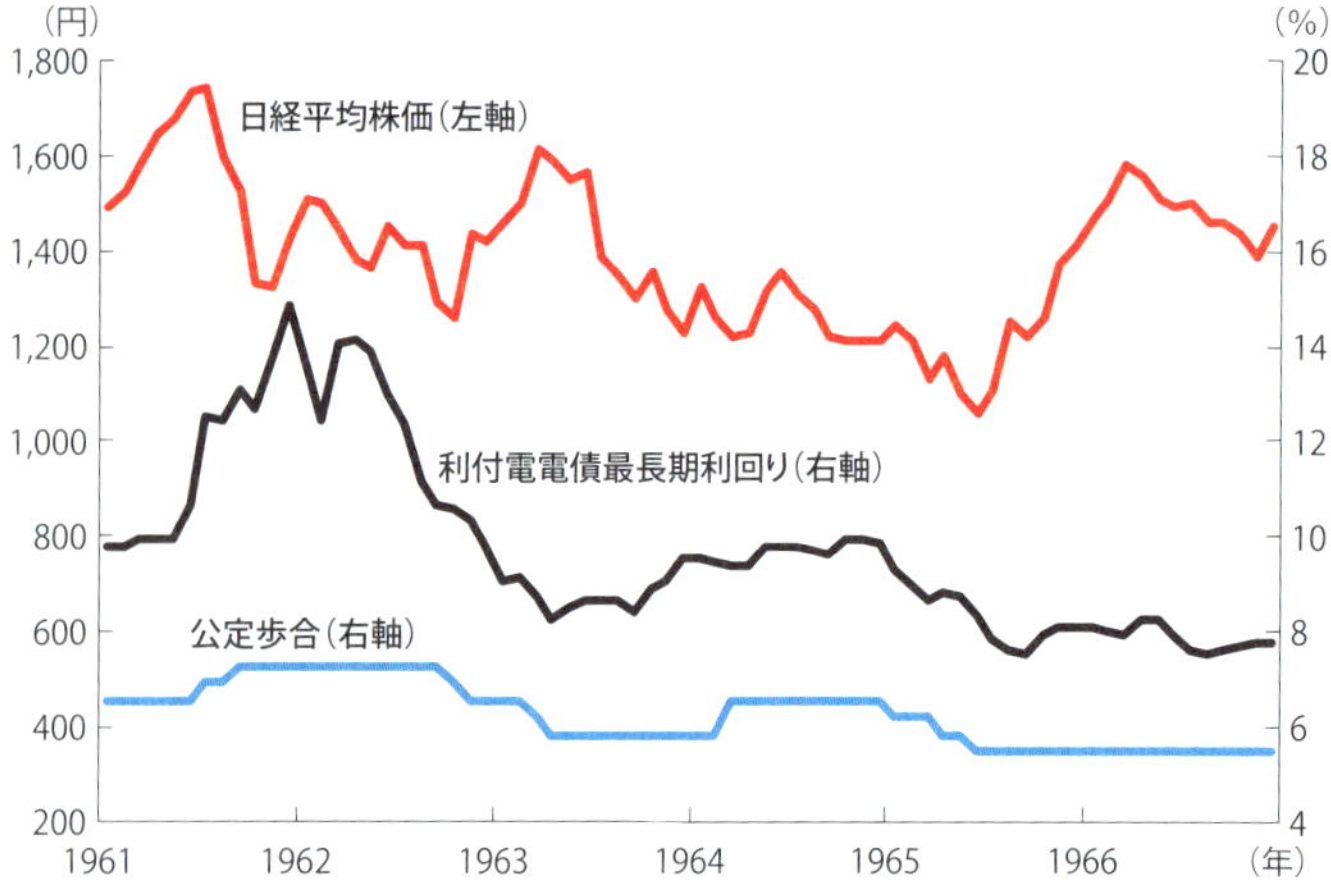

(注) 当時は国債の流通市場が無かったため、長期金利の指標市場金利として、利付電電債最長期物の利回りを使用。公定歩合は現在の日本銀行による基準貸付金利。データは月次で最後の値は1966年12月。
(出所) 日本経済新聞社、日本銀行資料などより野村證券投資情報部作成。

きを振り返っても、日本企業の経常利益の前年比は１９６５年７－９月期を底に改善に向かっており、企業業績の回復を織り込んで株価は反転したと言えます。

金融、財政の両面での政策対応が果断になされたことで、１９６５年の証券不況は証券恐慌となることを回避できました。

『日本銀行百年史』によれば、一連の証券不況対策として日本共同証券、日本証券保有組合、関係市中銀行、証券会社などへの信用供与（特融含む）は５０００億円弱で、物価水準を調整すると１９２７（昭和２）年の昭和恐慌時に日本銀行が行った特別融資に匹敵する規模になったとのことです（経済規模を考慮すると昭和恐慌時の４分の１程度）。

◉……危機からの教訓と投資への示唆

日銀特融に加えて、財政面からの不況対策の経験は、その後の景気後退のたびに赤字国債発行による景気対策を求める声が高まる前例となったとも言え、財政規律を緩めて赤字国債の累積を招く遠因になったとも言えます。

金融業界の急拡大とそのひずみという点で言えば、現在の中国の金融システムに類似点を見出すことはできるかもしれません。金融システムの外に置かれてきた理財商品や信託商品の急拡大が金融業界の急成長の背後にあり、それが中国の金融システムリスクになっているとも指摘されています。

教訓

▼金融業界の急拡大がひずみを生み出す
▼株価底入れのきっかけは中央銀行による特別融資、金融緩和と積極的な財政政策

3 昭和恐慌

◉……危機の背景

大正の時代（1912～26年）に入っても、日本は日露戦争（1904～05年）の戦費調達のため発行した外債の元利支払いと、輸入の増加による国際収支の赤字に苦しんでいました。こうした状況では、思い切った景気対策を打つことができず、景気の長期低迷が続いていました。

状況を一変したのが第1次世界大戦でした。当時の世界経済の中心であった欧州が主戦場となり、欧州から世界への輸出が途絶したことで、日本にとって工業製品を世界へ輸出する好機となりました。

当初は綿製品など軽工業品の輸出ブームでしたが、欧州からの重化学工業品の輸入が途絶えていたことで、重化学工業品の国産化の動きが促され、日本経済の産業構造が重化学工業品へ大きく変貌を遂げる契機になりました。好景気の結果、日本の対外債務は解消し、1914（大正3）年に11億円の対外債務国だった日本は、1920（大正9）年には28億円の対外債権国となりました。

第1次世界大戦が戦時需要を生み、それが日本経済を潤したわけですが、この状況は戦争が終了したことで激変しました。1919（大正8）年にベルサイユ条約が締結されますが、これは国際貿易において再び強力な競争相手が出現したことを意味しました。当初は復興需要によって輸出は好調でしたが、同時にインフレ懸念も高まっていたため、金融引き締め策がとられました。欧州が復興するに従い、日本の輸出は低迷し、1920年以降の慢性的な不況の引き金となりました。

第1次世界大戦により、戦時経済で潤った新興企業家（いわゆる「戦争成金」）を中心とした投機家と、その企業と密接なかかわりを持つ銀行の放漫な融資姿勢によって投機熱が高まりました。例えば、株式市場では当時3年後でなければ開業の見込みがつかない日本水力の株式公開に際して、応募申込額が募集額の3700倍に達するとか、あるいは、1年分の輸入高に匹敵するような麻袋の売買がわずか1日で執行された、などのエピソードがあったようです。

こうした投機熱は、金融引き締めと銀行がそれまでの放漫な融資姿勢を慎重化したことを受けて、1920年3月に株価が暴落することで急激に冷やされ、3月から5月にかけて断続的に株式市場が閉鎖される事態となりました。

これに追い討ちをかけたのが1923（大正12）年9月1日に発生した関東大震災でした。

関東大震災が起こると、政府は「支払い延期令」を緊急発布し、震災直後の混乱を避けた。

東京市内の銀行は休業、株式市場も10月27日まで立会い休止となりました。政府は銀行再開時の混乱が予想されるため、9月7日に「支払い延期令」、いわゆるモラトリアムを緊急勅令として発布し、即日施行しました。これによって、震災直後の混乱は避けられました。

加えて、打撃を受けた企業の救済措置として「日本銀行ノ震災手形割引損失補償令」という勅令が9月27日に施行されました。この震災手形勅令は、市中銀行が所持する震災地関係の手形を日本銀行が再割引し、日本銀行がこの再割引で損失を受けた場合は1億円を限度として政府が補償する制度でした。

●……危機の展開

第1次世界大戦時の放漫経営の企業と、それを支えていた関連銀行（機関銀行）の債務整理が

片岡直温蔵相が東京渡辺銀行が破綻したと失言したことによって、預金の取り付け騒ぎが発生した。

進まないなかで、時代は昭和へと進みました。

後ほど説明しますが、第1次世界大戦の混乱から立ち直って国際社会へ復帰するためには金輸出解禁が必要と考えられており、財界整理（現在の不良債権処理とそれに伴う企業の経営再建、ないし清算）が不可避と考えられていました。なかでも、当時の大商社である鈴木商店の放漫経営と、結びつきが深かった台湾銀行の問題が取り沙汰されました。

1927（昭和2）年3月、震災手形の最終処理に関する法案審議中に、当時の片岡直温蔵相が、東京渡辺銀行が破綻したと「失言」してしまいました。これをきっかけに預金の取り付け騒ぎが発生しました。

4月1日には、「台湾銀行が鈴木商店に対して新規貸し出しの中止を通告した」との新聞報道から取り付け騒ぎが拡大、株式市場も暴落と

台湾銀行を皮切りに休業する銀行が相次ぎ、取り付けは全国に波及して金融恐慌はその極みに達した。

なりました。当時の若槻内閣（憲政会）は、台湾銀行を救済する緊急勅令を公布する方針を決定しましたが、これを枢密院が否決したため、若槻内閣は総辞職に追い込まれました。台湾銀行を皮切りに休業する銀行が相次ぎ、取り付けは全国に波及して金融恐慌はその極みに達しました。

　4月20日に成立した田中内閣（立憲政友会）の高橋是清蔵相は、3週間のモラトリアム（支払い延期）を実施する緊急勅令を公布し、2日間の全国の銀行の臨時休業と、株式・商品取引所の立会い中止が決定されました。

　台湾銀行が休業した4月18日から臨時休業明けの25日までの間、日本銀行の貸出残高は3・6倍、日銀券発行高は2・2倍に激増しました。この措置により恐慌はひとまず小康状態となりましたが、結果的に対症療法を繰り返すことで、不良貸出先の企業の整理が行われず、温存されたことが金融恐慌の一因になったことは明らかでした。

第1次世界大戦前の世界各国では、通貨制度として金本位制が主流でした。金本位制は正確には金地金本位制と呼びますが、中央銀行が保有する金の量を基にして、実際の金と交換できる紙幣や硬貨を発行する、という制度です。したがって、貨幣、硬貨の発行量は金の保有量に制約されます。各国は自国通貨と金の価格を固定していますので、海外との貿易取引における為替レートは固定されます。

第1次世界大戦時には、欧米各国は一時的に金本位制から離脱、金輸出を停止しました。日本だけが金本位制を維持すると、日本が保有する金が海外へ持ち出されてしまうことになり、それが投機の対象にもなりますので、日本も欧米各国に追随して離脱しました。第1次世界大戦後、戦禍から立ち直るに従い、米国を皮切りに各国は金輸出解禁を行って金本位制へ復帰しました。

金融恐慌は、憲政会の若槻内閣の片岡蔵相が金輸出解禁の準備として処理が先送りされてきた震災手形を整理して、金融システムの体質改善を計画する最中に生じました。金融恐慌と政権交代のために、そのときの金輸出解禁は達成できませんでしたが、1929（昭和4）年7月に立憲民政党の濱口内閣が成立すると、11月に井上準之助蔵相が1930（昭和5）年1月11日に旧平価で金輸出解禁に踏み切ることを決定しました。

一方で、当時の日本の輸出競争力は弱く、旧平価、つまり当時の実勢レートよりも円高で対ドルレートを固定すると輸出には逆風となり、対外収支が悪化するのは明らかでした。井上蔵相は国際収支を改善させるために輸入を抑える、つまり内需を抑制する政策を取りました。公務員給与を削減するなどして国家予算を削減し、国民に対して消費節約、国産品購入を奨励しました。デフレ政策です。

1929年10月のニューヨーク株式市場の大暴落をきっかけに始まった世界恐慌は、海外経済を落ち込ませることとなりました。その深刻さに気づかなかった井上蔵相は着々と金輸出解禁の準備を進めました。そして、結局はデフレ政策のなかで金輸出解禁を断行した状況は「嵐の中で雨戸を開ける」と評される結果となりました。

◉……危機の収束

株式市場は1928（昭和3）年以降、金輸出解禁が話題になり始めたところから、そのデフレ的な影響を嫌気して下落基調に転じていました（図2-7参照）。

1931（昭和6）年3月にはロンドン軍縮条約における、いわゆる「統帥権干犯」問題により濱口雄幸首相が狙撃される事件がおきました。この事件を受けて濱口首相は辞任しましたが、後任の若槻礼次郎首相の下でも金輸出解禁は維持されました。しかし、9月18日には満州事変が勃発、21日には英国が金本位制から離脱したため、日本の金輸出再禁止（金本位制離脱）を見越した投機筋のドル買い円売りが強まりました。

図2–7　昭和恐慌期の株価と物価の推移

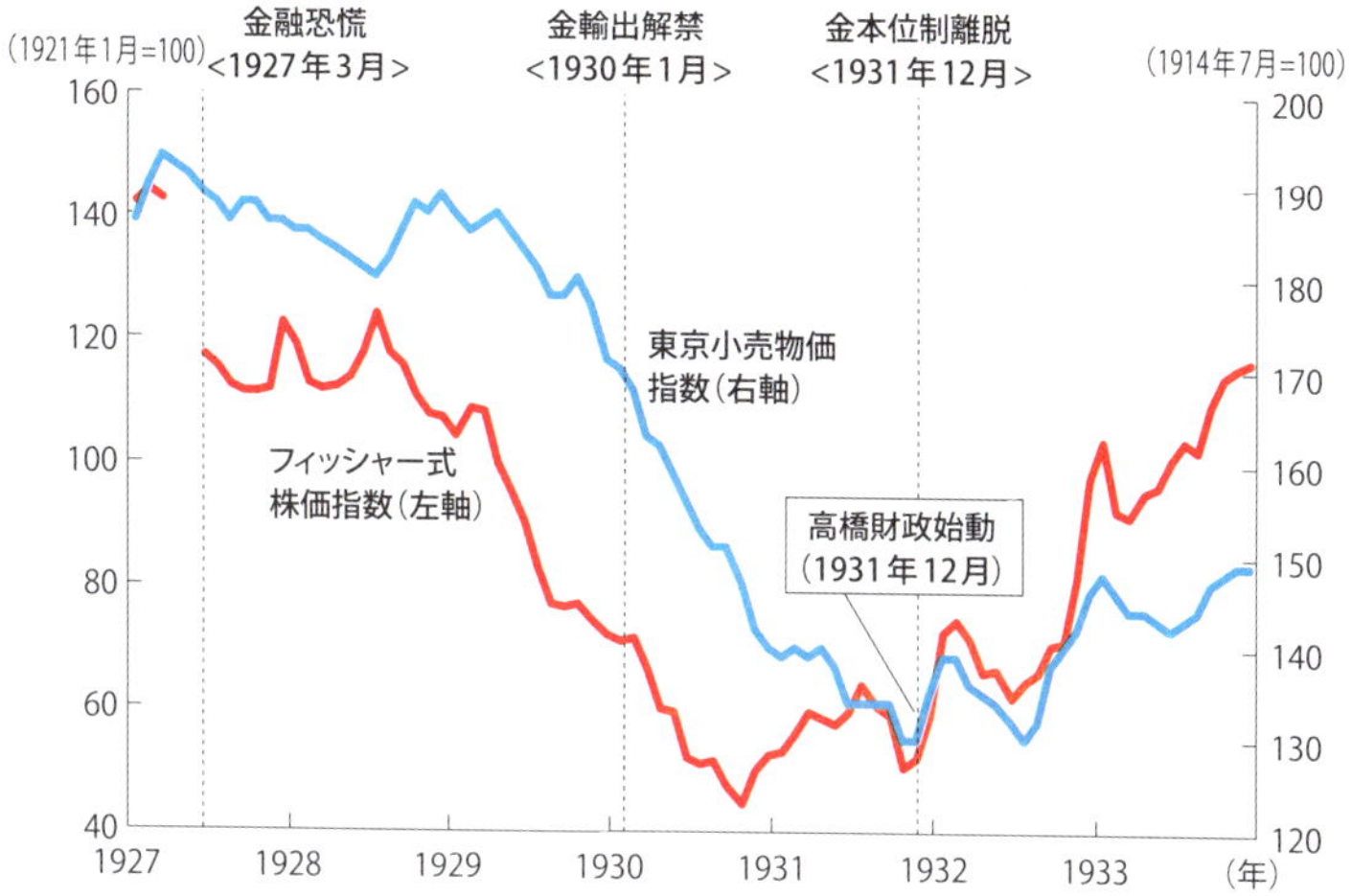

(注) フィッシャー式株価指数は、金融恐慌 (1927年3月) 時の2カ月間休場のため算出されていない。
(出所) 日本銀行『本邦主要経済統計』、東洋経済新報社『経済年鑑』、大蔵省『金融事項参考書』などより野村證券投資情報部作成。

井上蔵相はそうした投機筋の動きに対してドル売り介入と公定歩合引き上げによって対抗しましたが、株式市場は二番底を付ける形となりました。満州事変に対する軍部との対立により、12月に若槻内閣は総辞職することとなりました。

代わって政権の座についた立憲政友会の犬養内閣の高橋是清蔵相は、直ちに金本位制を停止して円の暴落を放任し、公共事業を中心とする支出拡大に加えて、満州事変を踏まえた軍事費の増加による積極的な財政支出拡大策を打ち出しました。円高によるデフレ圧力が払拭されるとともに、輸出が拡大し、財政による有効需要が創出されました。後の日本銀行による国債引き受けと合わせた、リフレーション政策3点セットが日本経済を昭和恐慌からの脱却に導き

犬養内閣の高橋是清蔵相はリフレーション政策によって日本経済を昭和恐慌からの脱却に導いた。

ました。

実際に金本位制からの離脱が決定されるまでは円レートは公式には固定されていましたが、恐慌が深刻化して政権運営の行き詰まりが明らかになるに従って、金本位制からの離脱は不可避との観測から、円売り圧力が強まりました。株式市場も金本位制からの離脱を織り込むような形で10月を底に反転、その後のデフレ脱却を追い風に上昇、金本位制離脱の1年後である1932（昭和7）年12月までの東京株式取引所株価指数の上昇率は93％に達しました。

1932（昭和7）年度予算の財政支出は、時局匡救費と呼ばれる支出が充てられ、土木事業を中心とする公共事業と、農村の負債整理のための低利貸し付けがその中心でした。財政支出は3カ年度計画の下に行われ、持続的な景気拡大政策の一環として位置づけられました。

1931年に勃発した満州事変による軍事支出の増加と合わせると、1932年度の一般会計の予算ベースの歳出規模は、前年度の14億7700万円に対して4億7000万円増、32％増という積極的な予算でした。1931年の名目GNPが約133億円でしたから、歳出増加額はGNP比3・5％という大規模な景気対策でした。

前年度の井上蔵相下の予算はほぼ均衡でしたが、1932年度の予算では約6億8000万円の国債発行が計画され、公債依存度が34％（名目GNP比5・1％）という大幅な赤字予算になりました。

この巨額の国債発行を円滑に消化するため、高橋蔵相は臨時措置として日本銀行による国債の直接引き受けを打ち出しました。市中銀行が引き受けると貸し出しに使われる資金が減少する可能性がありますから、確実に経済全体への資金が行き渡るためには、日本銀行が直接引き受ける方法が有効であると考えられました。通貨供給量が増加すると、経済規模に対して実質的な通貨の価値が下がり、その分さまざまな資産価値が上昇しますので、物価が上昇しやすくなると考えられています。高橋蔵相はこのリフレーション政策を実行しました。

大幅な財政赤字を賄うための日本銀行による国債の引き受け方式は、資金供給を確実に増やす一方、財政赤字の拡大に歯止めをかけようという意欲が殺がれてしまい、際限なく財政赤字が拡大する危険性があるため、現代では「禁じ手」とされています。

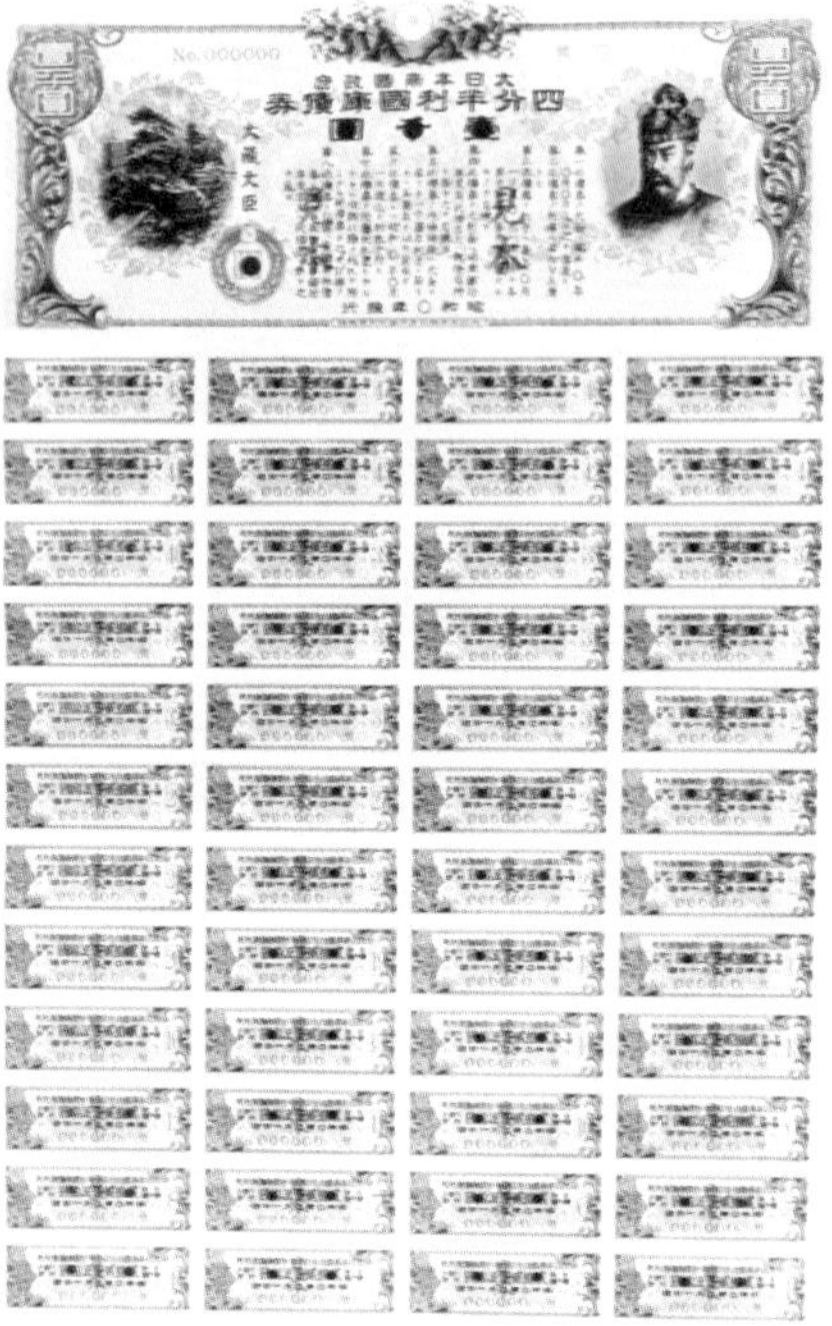

巨額の国債発行を円滑に消化するため、高橋蔵相は臨時措置として日本銀行による国債の直接引き受けを打ち出した。

①金輸出の再禁止による通貨安、②積極財政政策への転換、③日本銀行による国債の直接引き受けにより、日本経済は昭和恐慌からの脱却の道を歩むこととなりました。

金輸出解禁と世界恐慌の結果、日本の輸出額は1930年に前年比マイナス18%、1931年には同マイナス21%という、猛烈な減少を記録しましたが、1932年に同プラス22%、1933（昭和8）年には同プラス30%という急回復を見せ、1934（昭和9）年には昭和恐慌前を上回る水準まで回復しました。

物価も上昇に転じました。実質GNPは1933年にプラス10%、1934年にはプラス9%と、第1次世界大戦時の高成長に匹敵、ないし上回るような高成長となりました。1933年には主要国のなかでいち早く世界恐慌前の鉱工業生産の水準を回復することとなりました。

1932年度以降も積極財政は続きましたが、徐々に軍部の発言力が強まりました。高橋蔵相自身は、恐慌からの脱出のための積極財政は景気が回復すれば修正し、均衡予算に戻す意欲を示していましたが、それは果たされませんでした。1936（昭和11）年の2・26事件で高橋蔵相が暗殺された後には「準戦時体制」とも言える状況となり、軍事費の増加と日本銀行引き受けに歯止めがかからず、インフレが高進しました。

◉……危機からの教訓と投資への示唆

①第1次世界大戦による「バブル経済」終了後に発生した不良債権の処理が先延ばしされるなかで、②経済構造を改革（金輸出解禁）するための景気減速容認（デフレ政策）と、③海外景気の悪化の3点が昭和恐慌の原因であると考えることができます。深刻なデフレから脱却するためには高橋財政のような強力なリフレーション政策が必要だったと言えます。
一方、金本位制からの離脱のような大きな政策的変化が起きるかどうか考えてみましょう。固定されている通貨体制から離脱するとの観点で考えると、南欧諸国などのユーロ離脱が一例として考えられるかもしれません。南欧諸国が現在のデフレ状況、しかもユーロ圏にとどまる条件として緊縮財政を行わなければいけないとの状況は、金本位制を維持していた昭和恐慌時の日本と通じる点が無いとは言えません。

そうした状況を転換しようとして、ユーロからの離脱（通貨安政策）、財政赤字の拡大といった脱デフレ政策を強力に推進した場合、その国の経済が急速に回復して、興味深い投資対象となる可能性があります。

もちろん、現実に離脱するのは非常に難しく、脱デフレ後に輸出が伸びるのか、そもそも輸出する商品があるのか、といった点を考えると、南欧諸国のユーロ離脱は現実的ではないかもしれませんが、昭和恐慌の後の金本位制離脱の教訓をこれからのリスクシナリオの考え方に活かすことができるのではないでしょうか。

教訓

▼問題の先送りは、デフレをより深く、長期化させる

▼深刻なデフレからの脱却には、強力なリフレ政策の発動が必要で、これが株式市場反発の契機になる

4 世界大恐慌

◉……危機の背景

1919年に第1次世界大戦が終結した後、世界最大の工業生産国、対外債権国となった米国は、大量生産方式の導入や国内外の需要増加が寄与し、長期の好況を謳歌しました。自動車や化学、映画、ラジオといった新しい産業が興隆し、大量消費社会が到来しました。音楽やファッション、デザイン、スポーツなどで米国独自の新たなスタイルが花開き、1929年10月の株価暴落までの時期は一般に「狂騒の20年代」「黄金の20年代」と呼ばれています。

実質GDPは1921年から1929年の間に48％も増加しました。また、大量生産方式の導入により生産性が上昇し、企業収益は1921年から1929年の間に約70％増加しました。企業の自己金融力が向上したため、設備投資を内部留保で賄い、余剰資金を積極的に配当や自社株買いへ充てました。

この結果、富裕層の所得や金融資産が増加し、企業や個人の余剰資金は不動産市場や証

第1次世界大戦終結後、世界最大の工業生産国、対外債権国となった米国は「黄金の20年代」と呼ばれる長期の好況を謳歌した。

券市場へ向かいました。1920年代半ばにはフロリダの不動産への投資ブームが沸き起こり、米国社会に投機熱を広めることになりました。

景気の過熱や不動産投機熱の高まりを警戒し、FRBは金融引き締めを決断し、公定歩合は1925年2月と1926年1月に引き上げられました。この結果、住宅着工件数は1925年をピークとして減少に転じ、1925年に過熱したフロリダの不動産への投資ブームも、1926年夏の台風による大被害を機に収束しました。鉱工業生産や耐久財受注額も1925年をピークとして1927年まで減少しました。

経済活動の停滞にもかかわらず、証券市場へは資金流入が続き、1927年に入ると株価は上昇トレンドへ戻りました。投資資金の源泉は商業銀行や投資信託、個人や企業の資金など、さまざまでした。商業銀行は大企業の自己金融化と短期貸し出しの停滞によって貸し出し難に陥る一方、高額所得者や大企業向けの定期性預金が増加して余剰資金を抱えることになりました。このため、1920年代前半から不動産担保貸し付けを拡大し、後半になると、ブローカーズ・ローン（商業銀行から証券会社向けに提供される証券担保融資やコールローン）に注力しました。

1927年春には、英仏独の中央銀行総裁がニューヨークを訪問し、自国からの資金流出を防ぎ、金本位制を維持するためにFRBに対して金融緩和を要請しました。FRBは同年8月に利下げを実施し、大量の国債買い入れも開始しました。投機の火に油を注ぐことになった1927年の金融緩和策を、当時のFRB理事の一人は「過去75年間で最も高くついた失敗」と回想しています。

株高は耐久財を中心に消費ブームを引き起こし、乗用車生産は1928年から1929年に急増しました。実質GNP成長率は1927年の0・8％から1928年1・7％、1929年6・0％へと加速しました。

米国社会には「今後も繁栄が続く」との楽観論が広がり、信用取引も拡大し、資金需要は増加しました。コールローン金利は1928年に年初の5％から年末には12％へ上昇し、この高金利は国内の企業・個人にとどまらず、世界中から大量の資金をウォール街へ呼び寄せました。第1次世界大戦時は主要な資金の出し手であった米国が資金の受け手に転じたことの影響は大きく、ドイツや途上国などは資本流出に苦しむようになりました。

大量の資金供給は投機を加速させました。景気と証券市場の過熱を冷ますために、FRBは1928年から1929年にかけて利上げを繰り返しましたが、十分な効果は見られませんでした。ニューヨークダウは1929年の年初から7月末までに16％上昇しましたが、8月の1カ月間でさらに9％上昇しました。

イェール大学のロバート・シラー教授が公表しているニューヨーク証券取引所上場株式のPER（株価収益率）は、1927年12月が18・7倍、1928年12月が25・3倍、1929年5月が27・7倍、1929年9月が32・6倍と割高感が高まる様子を示しています。当時、株高の行き過ぎを指摘する意見はありましたが、アーヴィング・フィッシャーといった当時の高名な経済学者を含め、金融市場の専門家の大勢は楽観的な見通しを唱え、慎重論は激しい非難にさらされたと言われています。

●……危機の展開

株式市場の過熱感は高まっていきましたが、1929年には潮目が変わる出来事が現れ始めました。実体経済の面では、鉱工業生産が6月にピークを打ち、景気が停滞期に入りました。乗用車生産台数は1929年4月の44万5000台から夏場の8月には41万5000台に水準を下げており、耐久財に対する需要が飽和状態に達していたとの見方があります。

「暗黒の木曜日」として有名な10月24日の午前中、ニューヨークダウは前日終値比で11%下落し、市場に動揺が広がった。

英国が米国への資本流出を防ぐために1929年に計4回の利上げを実施すると、英国から米国に流入していたブローカーズ・ローン資金が逆流し始めました。1928年末のピークから1929年10月4日の間に33%も減少し、このブローカーズ・ローン資金の流出が株式投機ブームが終わるきっかけになったとする説もあります。

1929年9月3日にニューヨークダウは381ドル17セントの史上最高値を付けた後、次第に水準を切り下げ始めました。景気や株式相場の先行きに対する楽観論が引き続き唱えられるなか、「暗黒の木曜日」として有名な10月24日を迎えます。

この日の午前中にニューヨークダウは前日終値比で11%下落し、市場に動揺が広がりました。午後には仲買人の買い支えによって値を戻し、

図2-8　暗黒の木曜日前後のニューヨークダウの推移

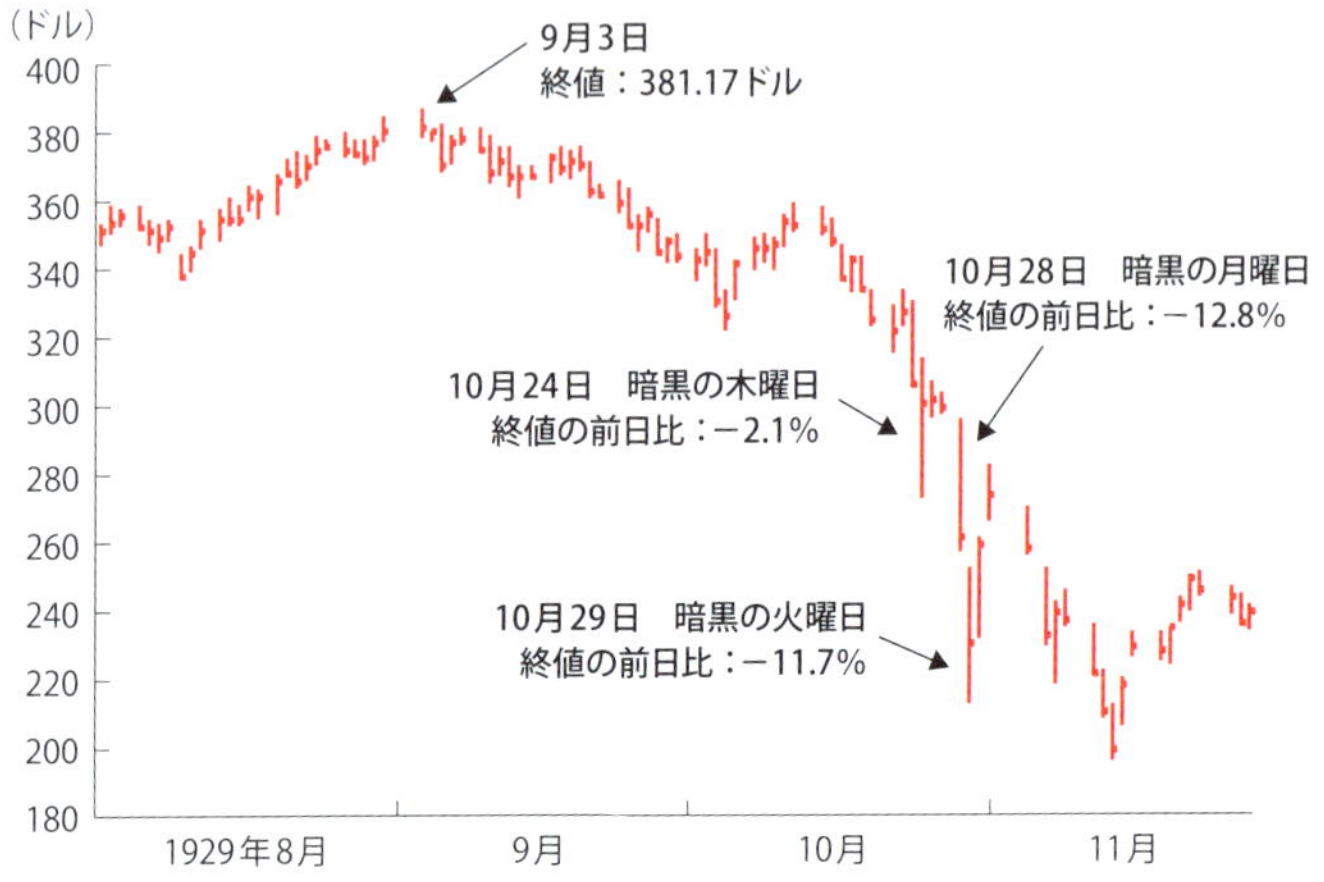

(注) 各取引日の棒線は高値と安値の幅、点は終値を示す。
(出所) ダウ・ジョーンズ社より野村證券投資情報部作成。

終値は前日比2％の下落まで回復しました。しかし、週明け後、28日の「暗黒の月曜日」と29日の「暗黒の火曜日」の2日間にニューヨークダウは合計で24％も下落し、相場の崩壊が決定付けられました（図2-8参照）。

その後、株価が戻る局面は幾度もありましたが、ニューヨークダウは1929年9月の高値から1932年7月の安値にかけて89％も下落しました。海外の株価も大きく値を下げ、英国の工業株指数も1929年9月から1932年6月の間に49％、フランスの株価指数は1929年2月から1936年8月までに75％、それぞれ下落しました。

株式市場の暴落は実体経済にも大きな打撃を与えました。富裕層を中心とする消費支出の減少は1932年にかけて深刻な景気後退を引き起こしました。消費需要の減少に加えて、投資

不良債権問題が深刻化し、銀行の取り付け騒ぎが頻発したことで、銀行恐慌が1930年末、1931年後半、1933年初と繰り返し発生した。

信託の破綻によって資金の調達が困難になったため、1934年にかけて設備投資も減少しました。米国の自動車生産台数は1929年から1932年の間に75%も減少し、1929年には3%を下回っていた失業率は、1932年には20%台へ跳ね上がり、米国経済は1935年まで長期のデフレ局面に入りました。

不良債権問題が深刻化し、銀行の取り付け騒ぎが頻発したことで、銀行恐慌が1930年末、1931年後半、1933年初と繰り返し発生しました。株式恐慌に端を発した混乱は、産業恐慌、農業恐慌、銀行恐慌を引き起こし、最終的には1933年の金本位制停止に至ってようやく止まりました。

この間の米国経済が受けた損失は甚大であり、実質GNPは1929年から1933年の間に33%も減少しました。物価の面では、米国の卸売物価指数は1929年から1933年の間に31％、英国は同期間に30％、フランスは1929年から1935年の間に44％、それぞれ大幅に下落しました。世界は長期にわたる厳しいデフレ局面に陥りました。

金融恐慌は欧州にも波及しました。1931年5月にオーストリアの全銀行資産の7割のシェアを占めるクレディット・アンシュタルトが、不良債権の増加から破綻すると、金融恐慌はドイツや英国に広がって行きました。金融恐慌に見舞われた国では、資金逃避と金の大量流出が発生し、ドイツは1931年7月に、英国は1931年9月に金本位制を停止し、英ポンドにリンクしていた英連邦諸国や北欧諸国も金本位制からの離脱を余儀なくされました。

恐慌が実体経済、金融システムへと広がるなか、FRBは1929年10月の株価暴落直後の11月に利下げを開始し、公定歩合は6・0％から1931年6月には1・5％へ引き下げられました。

しかし、1931年に英国が金本位制を停止すると、次は米国が停止するのではとの不安から、大量の金が米国から欧州へ流出しました。FRBは金本位制防衛のために、大恐慌の最中の1931年10月に公定歩合を1週間で2％ポイントも引き上げました。この急激な引き締め策によって、大恐慌中、最も厳しい金融恐慌が引き起こされ、1931年には年間で2000行以上の銀行が破綻し、企業の倒産も増加しましたので、景気の落ち込みがより深刻になりました。

金融恐慌の初期段階において、FRBは「最後の貸し手」としての役割を十分に理解していなかったと見られます。仮に金融恐慌発生後の早い段階で、FRBが国債の大量購入などを実施して十分な資金を供給していれば、金融恐慌の深刻化は防げたとの批判があります。

一方、金本位制や流動性供給に関する規制がFRBの対応を制約した面もありました。1932年2月にFRBの流動性供給を妨げていた法律が改正されると、FRBは公開市場操作を通じて銀行へ10億ドルの資金を供給しました。しかし、時すでに遅く、深刻化した金融恐慌を鎮める効果はありませんでした。

1929年春に就任したフーバー大統領は、大恐慌の初期の段階では、減税やダムの建設などの大規模な公共事業に取り組みました。しかし、財政均衡主義への固執から、1931年には増税と歳出削減という緊縮財政へ舵を切りました。

その結果、米国経済は深刻な打撃を受け、実質GNP成長率は1931年に前年比7・9%減少、1932年は16・2%の大幅な減少を記録しました。1930年6月にはスムート・ホーリー関税法による保護貿易政策が取られ、一次産品輸出国の経済にダメージを与えて世界経済を悪化させるとともに、「経済のブロック化」が広まるきっかけになりました。

ルーズベルト大統領が金本位制を停止すると、ドルが対英ポンドで下落し、これが金融恐慌の沈静化と景気底入れの契機となった。

◉……危機の収束

1932年秋の大統領選挙でフランクリン・ルーズベルトが勝利すると、金本位制停止の懸念から銀行取り付けが全国へ広がり、金が国外へ大量に流出し、3度目の金融恐慌が発生しました。ルーズベルト大統領は就任当日の1933年3月4日と、6日から9日にかけてバンクホリデー（銀行休日）を実施し、銀行の救済や再編を可能とする緊急銀行法を9日に制定しました。4月19日の金輸出禁止令によって金本位制が停止されると、ドルが対英ポンドで下落しました。これが金融恐慌の沈静化と景気底入れの契機となり、景気は4月から回復局面に入りました。英国や米国のように、金本位制を早い時期に離脱し、通貨を切り下げた国ほど早期に景気が回復した点は注目されます。

ルーズベルト大統領は、その他にも、労働振興局の設立、農産物価格押上げを目的とし

テネシー渓谷開発機構に代表される大規模な公共投資に1934年から1940年までに総額で78億ドルの財政支出が行われた。

た農業調整法の制定、商業銀行と投資銀行を切り離す銀行法（グラス・スティーガル法）の制定、連邦預金保険公社（FDIC）の設置、証券取引法によるインサイダー取引の禁止、証拠金率規制の実施、証券市場を監視する米国証券監視委員会（SEC）の設置など、次々と経済改革を進めました。

テネシー渓谷開発機構（TVA）に代表される大規模な公共投資にも取り組みました。1934年から1940年までに、総額で78億ドルの財政支出が行われ、GNPの13％に相当する規模となりました。

ルーズベルト大統領によるこの一連の経済政策は「ニューディール政策」と呼ばれます。

ニューヨークダウは1932年7月に安値を付けましたが、1933年4月の金本位制停止を受けて、その後上昇に転じました（図2－9参

図2-9　世界恐慌期の米国の経済指標の推移

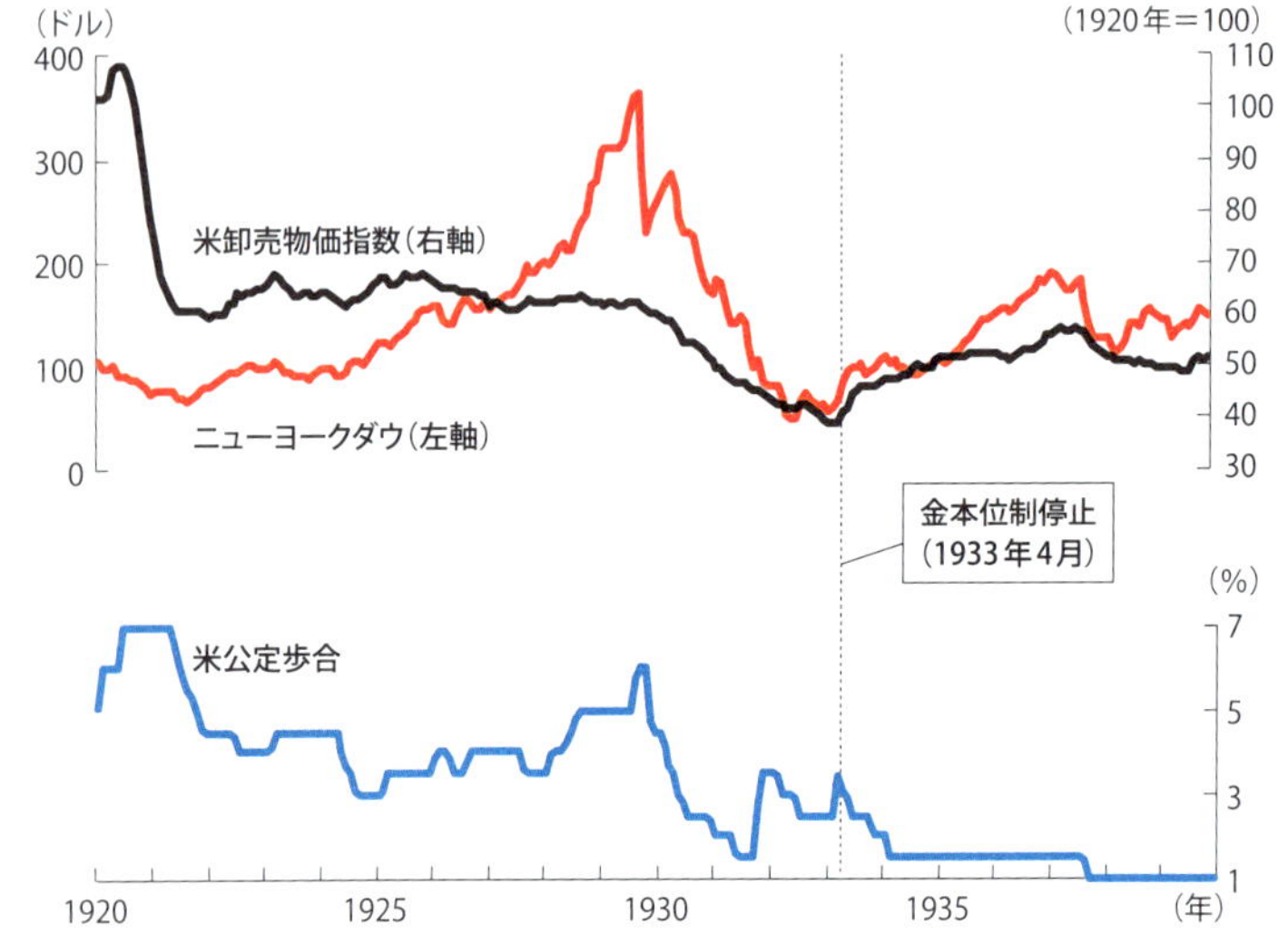

（注）データは月次で最後の値は1939年12月。
（出所）全米経済研究所（NBER）資料より野村證券投資情報部作成。

照）。卸売物価も1933年2月を底にして、上昇していきました。なお、1929年のGDPの水準を回復したのは、12年後の1940年でした。

◉……危機からの教訓と投資への示唆

このように、大恐慌が世界の広範囲に及び、実体経済の悪化が深刻化した要因として、各国当局が金本位制や財政均衡主義などへのこだわりが強かったことが挙げられます。恐慌への対策が不十分となり、早すぎる時点で景気引き締め策に転じるミスを犯したことが、多くの研究で指摘されています。

近年では、2008年の世界金融危機の際にも、米国を中心として各国の政策に大恐慌時の経験が生かされ、世界経済、金融システムの崩壊を防ぐことに成功しました。

現代に通じる示唆としては、新産業がもたらした高揚感は、1990年代後半に米国で発生したITバブルに通じ、企業の自己金融力の上昇によって融資先を失った銀行が不動産融資やブローカーズ・ローンを増やしてゆく過程は、1980年代後半の日本のバブルと重なります。金融機関の過度にリスクを取る行動と、信用、レバレッジの拡大は、2000年代の米欧不動産バブルの原因となりました。

資本主義経済の金融システムには、ブームとその崩壊を繰り返す仕組みが内包されているとの考え方もあり、今後も何らかの投機の過熱とその崩壊によって、実体経済や金融市場が大きく揺れ動くことが考えられます。

教訓

▼深刻なデフレからの脱却には、強力なリフレ政策の発動が必要で、通貨切り下げと金融システム不安の解消が恐慌に終止符を打ち、これが株式市場反発の契機になる

パターン❸ 国際金融機関の支援や通貨切り下げ

このパターンでは、ＩＭＦ（国際通貨基金）など国際金融機関による金融支援や自国通貨の切り下げが相場反転のタイミングとなった事例について取り上げます。①アルゼンチン危機、②アジア通貨危機、③ロシア危機、④メキシコ通貨危機、⑤中南米累積債務問題、⑥ソロス対英国中銀、が代表的な事例です。

パターン❸ 国際金融機関の支援や通貨切り下げ

1 アルゼンチン危機

◉……危機の背景

１９８０年代にハイパーインフレと累積債務問題に直面したアルゼンチン政府は、１９９１年４月１日に１米ドル＝１万アウストラル（当時のアルゼンチンの通貨）の固定レートで、貨幣発行量を米ドルの外貨準備高と連動させるカレンシーボード制を導入しました。その後、1992年1月に通貨の名称をペソに変更し、1万アウストラル＝1ペソとしたため、1米ドル＝1ペソとなりました。

自国通貨を国際通貨であるドルに固定する制度を「ペッグ制」と呼びますが、ペッグ制の下では、自国の金融政策を放棄することになります。

仕組みはこうです。例えば、米国が利下げを実施し、金利が自国＞米国の状況となった場合、米国から自国へ資金が流入し、自国通貨は上昇圧力を受けます。自国通貨を決められたドルとの固定レートに維持するために、中央銀行は為替市場において自国通貨売り・米ドル買いの介入を実施します。市中への自国通貨の供給量が増加しますので、米国の利下げに伴い自動的に自国の金利は低下します。自国通貨の価値を安定させる代わりに、自国の金融政策の自律性を放棄するわけです。

また、カレンシーボード制とは、ペッグ制のなかでも自国の貨幣供給量を外貨準備高に一致させる制度で、現在では香港ドルが代表例です。香港では、香港ドル高・米ドル安が進行した場合、香港の中央銀行である香港金融管理局は1米ドル＝7・75～7・85香港ドルが維持されるように、為替市場で香港ドル売り・米ドル買いの介入を実施します。

ドル買い介入によって米ドル建ての外貨準備高は増加しますが、その対価である香港ドルが市中へ供給されますので、外貨準備高と香港ドルの供給量は一致することになります。つまり、香港ドルの供給量＝ドル建て外貨準備高×7・75〜7・85香港ドル、との関係になります。

自国の金融政策を放棄せざるを得ない仕組みを「トリレンマ」という言葉で今一度説明しましょう。国際金融市場を理解するうえで重要なポイントです。

トリレンマとは、3つの政策を同時に採用し得ないことを指します。3つとは「為替相場の安定」「独自の金融政策」「自由な資本移動」です。

香港は、「為替相場の安定」と「自由な資本移動」を採用していますが、「独自の金融政策」は放棄しています。日本などの先進国は、「独自の金融政策」と「自由な資本移動」を採用する一方、「為替相場の安定」は放棄しています。中国は段階的に規制緩和を進めてはいますが、「為替相場の安定」と「独自の金融政策」を採用し、「自由な資本移動」を放棄しています。

この3つの政策は同時に成立し得ないのです。新興国にとって、通貨の急落はしばしば危機の引き金になるため、通貨を米ドルに固定する政策は採り得る選択肢となります。現在のユーロは「圏」としては、日本と同様の選択をしていると言えますが、「加盟国」としては、自国通貨を放棄してアンカー役としての共通通貨ユーロの安定と自由な資本移動を採用する一方で、独自の金融政策は放棄している、と言えます。

話を元に戻します。1997年7月に発生したアジア通貨危機の影響で、1998年に入るとブラジルからの資金流出が拡大しましたが、1999年1月6日にミナスジェライス州知事が財源不足を理由に連邦政府に対する債務の90日間の支払い猶予、いわゆるモラトリアムを宣言したため、ブラジルからの資金流出がさらに加速しました。1月15日にはブラジル中央銀行がドル売り介入の中止を発表し、1月18日には正式に変動相場制へ移行しました。ブラジルの通貨レアルは対米ドルで同年1月末までに約7割も下落しました。

ブラジルレアルの変動相場制移行後も、アルゼンチンは対米ドルでの固定相場制を維持しました。当時、アルゼンチンにとってブラジルは最大の輸出相手国であり、パラグアイ、ウルグアイなどメルコスール（Mercosur：南米南部共同市場）加盟国向けが輸出の約3割を占めていましたが、レアル安によりアルゼンチンの対ブラジルでの国際競争力は大きく低下しました。アルゼンチンの輸出のうち、一次産品・農産加工品が約7割を占めていましたが、小麦や原油の価格が低迷していたこともアルゼンチンの輸出を減少させる要因になりました。

1990年代を通じて安定成長していたアルゼンチン経済は、1999年にマイナス成長に陥りました。先ほどお話ししたとおり、カレンシーボード制の下では、国外への資金流出が起きると国内の通貨供給量が減少し、国内の金利が上昇します。これによって、資金流出を抑えると同時に、引き締め効果により輸入が減少しますので、経常収支が改善するという、自動安定化機能を有しています。

しかし一方で、1999～2001年の間、景気後退のため税収が落ち込み、結果として、アルゼンチンの財政状況は悪化していきました。アルゼンチン政府は国債発行を通じて国内外から資金調達し、財政赤字をファイナンスしました。

●……危機の展開

アルゼンチン政府は2001年12月1日に預金封鎖を実施しました。自国民が銀行から引き出せる額の上限を週250米ドルとする一方、貿易に関連する支払いを除き、海外送金も1日当たり1000米ドルに制限しました。しかし、外資系金融機関の取引には制限が課されなかったため、アルゼンチンから資金が大量に流出しました。

ついに、12月24日にアルゼンチン政府は、対外債務の支払いを一時停止、モラトリアムを宣言しました。アルゼンチン政府発行の債券は債務不履行（デフォルト）に陥りました。2002年1月6日にはカレンシーボード制が廃止され、アルゼンチンペソは暴落しました。アルゼンチン政府は2月3日に正式に変動相場制への移行を発表しました。

アルゼンチンペソの対米ドルレートは6月25日には1ドル＝3・86ペソまで暴落し、輸入物価が急騰、失業率は2002年には20％を超えました。外国領事館前には早朝から移民許可証を求めて行列が並び、略奪やデモが頻発するなど治安も悪化しました。アルゼンチンペソが急落したため、外貨建ての対外債務をアルゼンチンペソに換算した残高は膨れ上がりました。GDP比で見た対外債務残高は、2001年の54％から2002年には1

アルゼンチン暫定政権の経済政策に抗議するため、ブエノスアイレスの大統領官邸近くに多くのデモ隊が集まった。

65％へ急拡大しました。

◉……危機の収束

アルゼンチン経済は2003年に入ると、通貨安効果と主力輸出商品である大豆や原油の市況回復に支えられ、立ち直りを見せました。輸出の前年比での伸びは2002年8月まではマイナスの伸びが続きましたが、9月にはプラスに転じ、その後、順調に拡大しました。

実質GDPは、2007年まで年率8％以上の成長を遂げました。2003年4月に繰り上げ実施された大統領選挙で当選したネストル・キルチネル大統領の下で、失業率や貧困率の低下も進み、社会情勢も安定していきました。

2005年から2007年までは新興国ブームの追い風を受け、アルゼンチン株式市場へも投資資金が流入しました。アルゼンチンの代表

図2−10　アルゼンチンの株価・為替レートの推移

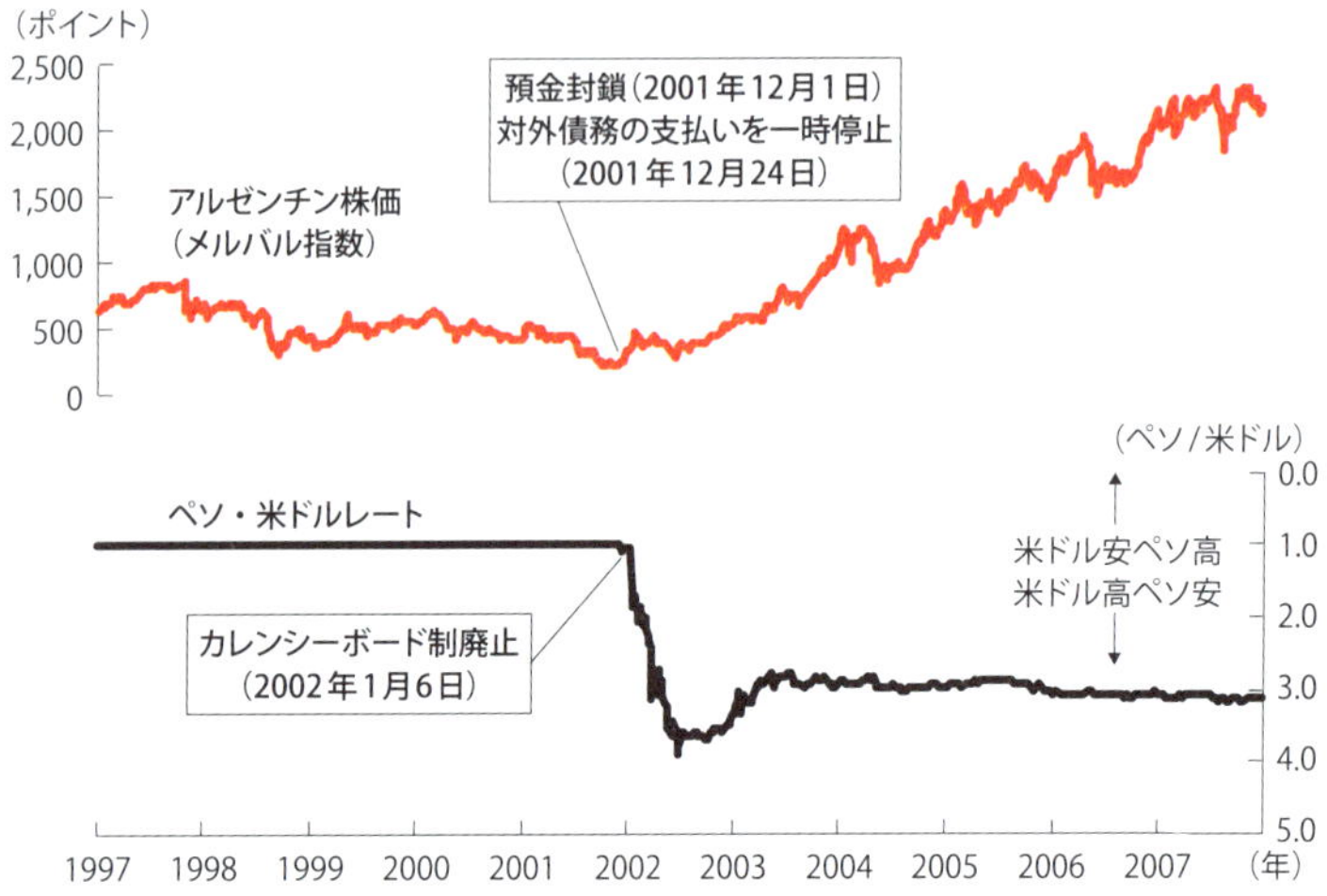

（注）データは日次で最後の値は2007年12月31日。
（出所）ブルームバーグより野村證券投資情報部作成。

的な株価指数であるメルバル指数は2002年6月14日の底値から2007年10月31日までに778％上昇しました（図2−10参照）。この間、通貨危機で下げを牽引した銀行株が上昇を主導しました。

アルゼンチン政府は懸案のデフォルト問題については強硬な姿勢を貫きました。2003年9月10日にはIMFとの返済プログラムに合意し、IMF、世界銀行、国際復興開発銀行、パリクラブ（債権国による会議）からの合計216億ドルの債務の借り換えを取り付ける一方、9月22日のIMF・世銀総会において、民間債権者に対して既存の債券の額面を75％カットしたうえで新しい債券と交換する債務再編案を発表しました。

2004年6月10日には、米国証券取引

委員会（SEC）に対して、①元本を維持するものの利率が低く返済期間を35年とする元本維持債、②利率は高いが元本返済期間30年の元本削減債、③ペソ建て購買力平価で債権価値が維持されるペソ建て準元本維持債、の3種類に置き換える債務再編案を提示しました。SECからは2004年9月に承認を得ることができましたが、世界の債権者の反発は強く、ヘッジファンドなど一部の債権者は債務再編に応じず、元金利の支払いを求めて米国で訴訟を起こすなど、問題は先送りされました。

2006年1月にはIMFに対して借り入れの全額を返済しましたが、金融・財政の緊縮策などIMFとの合意はキャンセルされました。パリクラブとの間の債務問題の解決も先送りされてしまい、国際金融市場に復帰できませんでした。

2008年9月にはフェルナンデス・デ・キルチネル大統領が、パリクラブ債権国への公的債務を一括返済するための大統領令に署名し、2010年には2005年の債務再編案に同意しなかった債権者向けに新たな債務再編案を提示しました。2014年5月29日にようやくパリクラブとの間で返済計画について合意がなされました。

ただし、新債券への交換に応じない一部の旧債券保有者との問題は解決されておらず、むしろ一層混迷を深めています。2014年6月17日に、米国最高裁判所は、アルゼンチン政府に対して、これらの投資家への支払いを行うまで、債務再編を受け入れた新債券保有者への支払いを認めない判決を下しました。

その後、アルゼンチン法に準拠したペソ建て・米ドル建て債券については利払いが認められましたが、米国法準拠のドル建て債券、日本法準拠の円建て債券、英国法準拠のユーロ建て債券については、利払いは認められていません。アルゼンチン政府は、元利金の支払い能力があるにもかかわらず、利払いができない「テクニカルデフォルト」の状態になっています。

この問題は、原債券の発行条件に、事前に対象と決めた割合の債券保有者が債務交換を承認した場合に、すべての債券保有者に参加を強制する、いわゆる「集団行動条項」が含まれていなかったことに起因していると言えます。近年のソブリン債の発行では、「集団行動条項」を設けることが一般的な市場慣行となっています。

◉……危機からの教訓と投資への示唆

株価は2001年11月29日を底に反転しました。その後、前述のとおり、①12月1日に預金封鎖→②12月24日に対外債務の支払いを一時停止→③2002年1月6日にカレンシーボード制を廃止→④2月3日に変動相場制への移行を発表、と続きます。

これに先立つ、2001年1月12日にIMFが総額397億ドルのアルゼンチン向け金融支援を承認したことも相場反転の契機となったと言えます。前年の2000年年末にはアルゼンチンの外貨準備高が200億ドル弱まで減少しましたので、IMFからの金融支援を受けられるとの安心感が必要でした。
　他の新興国通貨危機の際にも見られる現象ですが、割高な通貨が急落して輸出競争力を回復し、景気が底入れする、とのパターンがここでも見られます。株価はそれを見越して、先行的に上昇していたものと思われます。このアルゼンチン危機においても、ペソの急落から輸出が回復しました。加えて、国際商品市況の上昇、世界的な新興国投資ブームが回復に寄与しました。

教訓

- ▼輸出が成長を牽引する新興国にとって、周辺国の通貨が下落すると、自国通貨が割高となり、調整圧力を受ける
- ▼IMFなどからの金融支援と、通貨切り下げが株式市場反発の契機になる

2 アジア通貨危機

●……危機の背景

アジア通貨危機は1997年7月にタイに始まり、アジア各国が自国通貨の急落に追い込まれた経済危機です。アジア各国の経済に大きな影響を及ぼしましたが、アジア域内にとどまらず、ロシアや中南米諸国へ波及しました。

危機に陥る前のアジア諸国の多くは、米ドルに自国通貨を連動させる為替制度を採用していました。対米ドルで為替レートを安定させることで自国通貨の価値が維持され、物価は安定し、海外から投資資金の流入が促されました。しかし、自国通貨の対米ドルレートが実力以上の水準で高止まりした結果、経常赤字が継続しました。そのひずみが蓄積され、維持できなくなったため、為替市場における調整、つまり自国通貨の下落を招きました。

アジア通貨危機では、タイ、インドネシア、韓国の3カ国がIMFなどからの金融支援を受けざるを得ない状況へ追い込まれました。

その発端となったタイでは、元を辿ると、1993年にBIBF（Bangkok International

Banking Facilities）と呼ばれるオフショア市場が設立され、海外から多額の短期資本が流入したことにあります。ＢＩＢＦでは、規制緩和や税法上の優遇措置が導入されました。アルゼンチン危機でお話ししましたが、タイでも実質的なドルペッグ制が採用され、為替変動リスクが小さかったことも、先進国からの投資を促しました。

高い経済成長率を誇っていたタイも、１９９６年に入ると成長が鈍化し始め、同年には貿易赤字へ転じました。東南アジアに進出していた日系企業や欧米系企業の多くが、より人件費の安い中国へ生産拠点のシフトを進めたことや、アジア諸国の通貨は事実上米ドルと連動していたため、当時の米国の「強いドル政策」により自国通貨も上昇し、輸出競争力が低下しました。

インドネシアは、外国資本の受け入れに積極的だった点ではタイと同様ですが、通貨危機が発生する前には短期の対外債務を十分賄えるだけの外貨準備高を保有していました。１９９７年度（１９９７年４月〜98年３月）には90億米ドル以上の貿易黒字を計上するなど、金融・経済のファンダメンタルズはタイよりも良好でした。

一方、韓国は、財閥を中心とする民間企業が借り入れに大きく依存しており、景気減速とともにこれらの問題が顕在化する最中にアジア通貨危機に見舞われました。１９９７年１月の韓宝グループ倒産に始まり、多くの企業が倒産に追い込まれ、経済は悪化していきました。タイ発の通貨危機がすぐに伝播したわけではありませんでしたが、１９９７年７

月の起亜自動車の倒産などにより、さらに経済状態が悪化しました。その後、米大手格付け会社は韓国国債の格付けを2回引き下げたことなどもあり、韓国景気はさらに落ち込みました。

◉……危機の展開

タイでは1997年5月頃から、為替市場でタイバーツ売りの動きが見え始めました。タイ中央銀行は通貨下落を阻止するため、バーツ買いドル売り介入を実施し、翌日物借入金利を最大3000%にまで引き上げるなど、非常手段を用いて対抗しました。6月30日に、当時のチャワリット首相は通貨切り下げをしないことを宣言しましたが、それでもバーツ売りは止まらず、7月2日に変動相場制へ移行しました。それまで1米ドル＝25バーツ程度であった為替レートは、7月末には1米ドル＝32・07バーツへと約28%急落しました。

タイ政府は1997年8月にIMFへ支援を要請し、IMFからの40億ドルをはじめ、総額172億ドルの支援を受けることとなりました。IMFは支援に際し、経常収支の黒字化などいくつかの条件を課しました。

1997年11月にチュアン政権に交代し、1998年2月にはIMFが1998年度の財政収支目標をGDP対比1%相当の黒字から、2%相当の赤字を許容する条件に緩和するなど、財政・金融の引き締め策が見直されました。

アジア通貨危機の発端となったタイでは、預金引き出しのために多くのバンコク市民が銀行に殺到した。

引き続き財政・金融の健全化に取り組みましたが、信用を失ったバーツの下落は続きました。不動産バブルの崩壊や緊縮財政の影響で、それまで好景気だったタイ経済は企業の倒産やリストラが相次ぎ、失業者が増加しました。

タイが変動相場制へ移行して以降、他の新興国通貨への売り圧力も高まりました。インドネシアは、中央銀行が事前に発表した変化率でインドネシアルピアを変動させ、米ドルとの安定を保つ「クローリングペッグ制」と呼ばれる制度を採用していました。通貨であるルピア売り圧力を吸収するために7月11日に変動幅を8%から12%へ拡大させましたが、為替レートは安定せず、8月14日に変動相場制へ移行しました。ドル建て債務を抱えた民間企業が返済のためのドル買いに動いたため、ルピアは1カ月間で約12%下落しました。

10月31日にはＩＭＦからの１００億ドルをはじめ、第１線準備として総額２３０億ドルの金融支援の大枠合意を取り付けました。また、日本の支援を含む１６２億ドルの第２線準備と合わせて、総額３９２億ドルの支援の枠組みが固まりました。タイと同様に、ＩＭＦは支援に際し、インドネシアに対して経常収支の黒字化などの条件を課しました。10月末の金融支援の決定で、一時はルピア高となりました。

ところが、この合意からわずか２日後の11月２日、インドネシア政府はＩＭＦ支援パッケージにおいて、政治改革の姿勢を示すために停止された開発プロジェクト（スハルト大統領の親族が関連していると考えられていた）を復活させてしまったため、ＩＭＦとの関係が悪化しました。支援パッケージに基づく金融再建のための改革が逆に金融不安を助長したことで、ルピアは１９９８年１月には１米ドル＝１万ルピア割れまで暴落しました。

インドネシア政府はＩＭＦの再建計画を無視して提案した構想を撤回し、ＩＭＦは支援条件を一部見直すなど両者に歩み寄りが見られ、１９９８年５月から第２次融資は再開されました。しかし、通貨危機やＩＭＦの支援条件に基づき燃料価格を引き上げたことで、インドネシアでは急激にインフレが進行しました。

食品価格や燃料価格の急激な上昇により、１９９８年５月には生活に不安を持つ人々の暴動がジャカルタ市内で発生し、インドネシア政府は事態の収拾を図りましたが収まりませんでした。32年間続いたスハルト政権はついに退陣に追い込まれ、ハビビ副大統領が大

食品価格や燃料価格の急激な上昇により、生活に不安を持つ人々の暴動がジャカルタ市内で発生した。

統領に就任しました。

インドネシア政府に対する不信感に加え、通貨の下落により民間の外貨建て債務の負担が急増し、それが対外債務の返済能力に対する市場の不安感を招き、再度通貨下落をもたらすという悪循環に陥り、アジア通貨危機においてＩＭＦの支援を受けた国のなかで最も深刻な打撃を受けました。

一方、韓国は格下げによって海外からの資金調達が困難となったため、ＩＭＦに支援を要請する事態となりました。韓国に対しては、ＩＭＦなどから第１線準備として計３５０億ドル、第２線準備として日本などから計２３０億ドルの支援が決定されました。

ＩＭＦの支援に際しては、タイやインドネシアと同様、経常収支の改善などの条件が課されました。それまでの韓国の実質ＧＤＰは６〜９

IMF支援によって経常収支の改善などの条件が課された韓国は経済成長が大きく落ち込み、「IMF危機」と呼ばれた。

%台の高率で成長していましたが、IMF支援計画以降は大きく落ち込み、韓国では1997年の経済危機を「朝鮮戦争以来、最大の国難」「IMF危機」と呼ばれました。

◉……危機の収束

IMFから支援を受けることとなったタイ、インドネシア、韓国の3カ国は、為替レートが米ドルとの連動性が強かった点や、危機前の急成長がブーム的な様相を呈し、多額の海外資本が流入していた点など、多くの共通点がありました。しかし、危機前のファンダメンタルズの状況や危機後の対応の点で異なっていたため、回復の時期や度合いにはかなり差がありました。

3カ国のなかで最も早く回復したのが韓国です。韓国では、1997年末に金大中大統領が選出され、新体制の準備を円滑に進めたことや、

IMFへの協力を表明したことで、為替レートや株価は徐々に落ち着きを取り戻していきました。金政権はIMFの経済構造改革プログラムの下、金融構造改革などを推し進めた結果、通貨危機を見事に克服していきました。

韓国はIMFの緊縮プログラムを実行したことで、1998年の実質GDP成長率はマイナス5・7％と落ち込みましたが、輸入が大きく減少したために、1995～97年の経常赤字を帳消しにして余りある経常黒字を計上しました。

韓国の金大中大統領は、IMFの経済構造改革プログラムの下、金融構造改革などを推し進め、通貨危機を克服した。

その後、半導体などと国際競争力のある産業を中心に輸出は伸び、国際収支の黒字は続きました。それまで極度に冷え込んでいた国内消費や投資も輸出主導による景気回復により、徐々に息を吹き返し、1999年、2000年の実質GDP成長率はそれぞれ11・3％、8・9％を記録し、V字型の回復を遂げました。

韓国政府が2001年末までに155兆ウォンに上る巨額の公的資金を金融機関に投入したことで、不良債権の処理が進み、金融機関の健全性や収益性が大きく改善したことも、景気回復の一因と言えるでしょう。

タイとインドネシアが韓国と比べて実体経済の回復が遅れた理由の1つに、銀行の自己資本の増強と不良債権処理が遅れた点が挙げられます。タイは不良債権問題に対する政府の対応が遅く、多くの銀行が必要とした公的資金の注入額も不足していたため、不良債権の処理や銀行貸し出しの増加が遅れました。最も深刻な打撃を受けたインドネシアの銀行の多くは事実上の債務超過に陥っていたため、中央銀行による緊急融資を含む巨額の公的資金を注入しましたが、不良債権の処理は遅れました。

しかし、株価の底入れ時期という点では、3カ国ともほぼ同じタイミングでした。3カ国の株価は1998年秋頃に概ね底入れしました（図2-11参照）。当時の輸出の前年比での動きを振り返りますと、3カ国ともマイナスながらも、韓国は1998年7-9月期、タイは同年10-12月期、インドネシアは1999年1-3月期を底に、その後プラスの伸びへと大きく拡大していきました。

◉……危機からの教訓と投資への示唆

アジア通貨危機は、国民貯蓄率が高いにもかかわらず、それを超える多額の米ドル建て

図2-11　タイ、インドネシア、韓国の株価・為替レートの推移

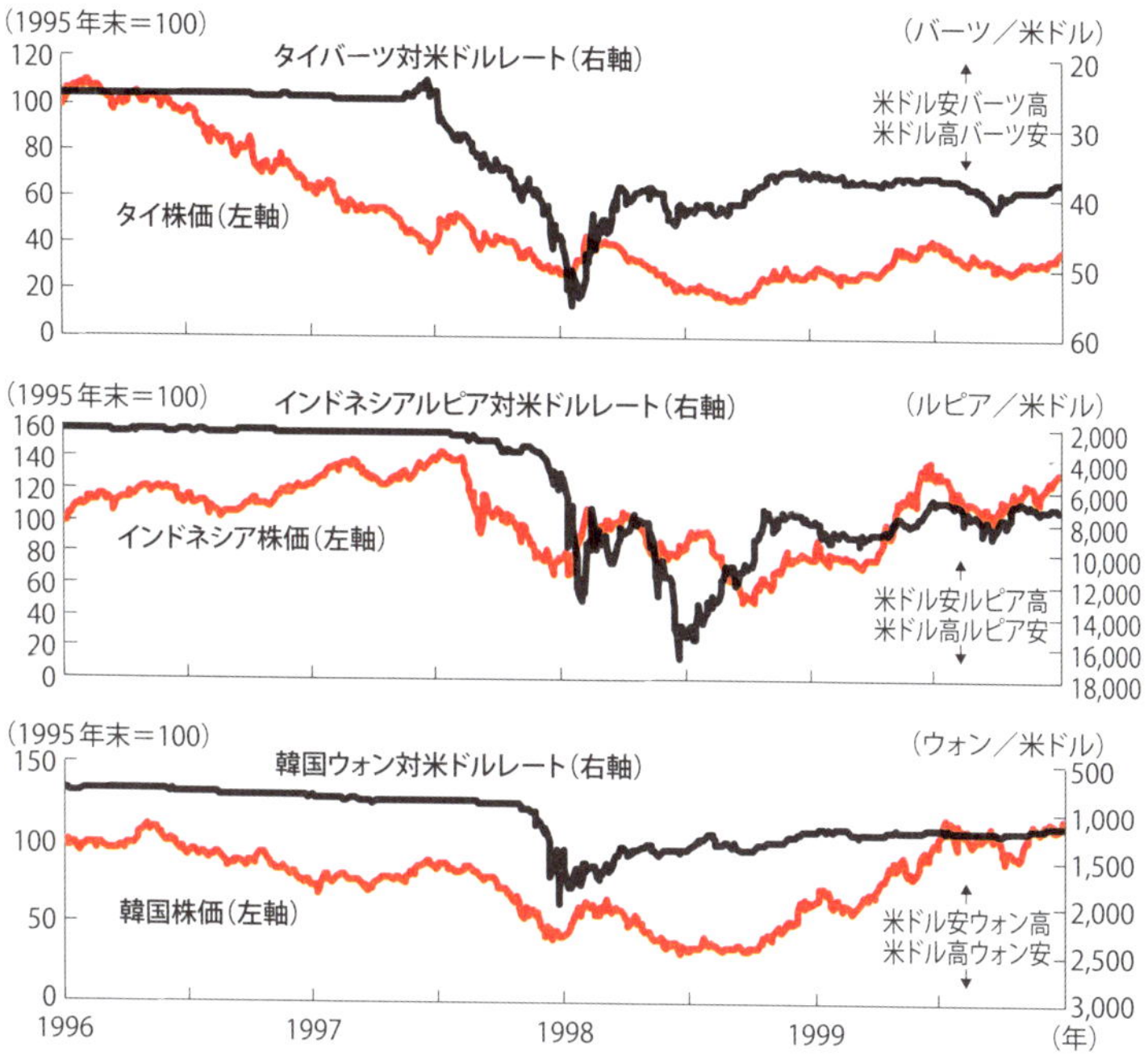

(注) データは日次で最後の値は1999年12月31日。
(出所) ブルームバーグ、各種報道資料より野村證券投資情報部作成。

の融資を受けていたこと、つまり通貨の不一致と、その融資の大部分が長期資本の需要に合わない、足の速い短期資本であったという期間の不一致の2つの不一致により、脆弱性が増したことが原因だと言われています。

かつ、海外から過剰に流入した資本は主として不動産投資へ向かいました。自国通貨が割高で維持されたことも市場からの調整圧力を受ける大きな要因でした。

アルゼンチン危機と同様に、IMFなどの金融支援を前提に、急落により自国通貨の割

高感が解消され、輸出がその後の景気回復を主導するパターンが見られます。ここでも、株価はやや先行的に底入れしています。

教訓

- ▼早すぎる市場開放により金融というゴムが伸びきってしまうと、その後の調整を深める
- ▼輸出が成長を牽引する新興国にとって、割高な通貨は調整圧力を受ける
- ▼IMFなどからの金融支援と、通貨切り下げが株式市場反発の契機になる

3 ロシア危機

◉……危機の背景

1991年12月12日にソ連邦最高会議がCIS（独立国家共同体）の創設文書を批准し、ソ連邦が消滅しました。ソ連邦崩壊の前後の顚末は「共産圏の崩壊」で詳しく説明します。ロシアはエリツィン大統領（1991年6月〜99年12月の間、ロシア共和国およびロシア連邦の大統領）の下で経済改革を進めました。市場経済への移行などの改革を急速に進めましたが、その背景には、守旧派勢力に改革が押し戻される可能性を排除する意図がありました。

1992年1月にショック療法と呼ばれる価格の自由化が行われた結果、強烈なインフレが起きました。旧ソ連の計画経済の下で価格統制により低価格に抑制されていた商品の値上げ圧力が、自由化による値下げ圧力をはるかに上回ったためです。インフレの悪循環が進むなかで、政府の紙幣増刷が追い討ちをかけました。

ロシアはIMFの協力を得るために、1992年6月1日にIMFの加盟国となりました。1992〜94年の間に国営企業の大規模な民営化が進められました。しかし、この民

ソ連邦が消滅し、ロシアはエリツィン大統領の下で経済改革を進め、IMFの加盟国となり、国営企業の大規模な民営化を進めた。

営化は、既得権益を持つ国営企業の役員がそのまま居座るなど、中途半端な改革に終わりました。

1992年10月1日からロシア国民一人一人に国営企業の株式と交換する「権利」として民営化小切手の「バウチャー」が配布されました。多くの国民は少しでも現金を得ようと取引所での売却を試みたようですが、一方で、この機に乗じてバウチャーを買い集め、炭鉱や石油などの資源資産の払い下げを受ける「オリガルヒ」と呼ばれる新興財閥が力を付けることになりました。

懸案であったインフレについては、中央銀行による金融引き締めなどが功を奏し、消費者物価上昇率は、1992年の前年比1353%、1993年の同876%というハイパーインフレの状況から、1994年には同308%、1

995年は197%と、高率ながらも減速しました。

他方、貿易・国際資本移動についても、順次自由化が進められました。

1991年11月に貿易の自由化が開始されました。しかし、輸入の自由化は海外製品の流入により国内企業との競争環境を作り出す、あるいは物資不足を解消するとの当初の期待に反して、政府が輸入品の特権的独占販売を行うという事態が横行し、腐敗の温床となりました。輸出についても、戦略的商品に関する割り当てや許可制度を背景にして利権が生み出されることになりました。

ショック療法と呼ばれる価格の自由化が行われた結果、1992年の前年比1353%、1993年の同876%というハイパーインフレが起きた。

国際資本移動に関しても段階的に規制緩和が進められましたが、1996～97年に実施された、外国資本が保有できる特別のルーブル口座の開設と、ロシア国債投資への段階的な自由化は、ロシア危機につながる重要な制度変更となりました。

こうした改革という名の制度変更が進行するなかで、1994年12月に北コーカサス地域のチェチェンでロシアからの独立を求める紛争が勃発し、エリツィン大統領は軍事作戦を開始しました。この間、1996年5月に一時停戦に至りますが、1996年に実施されたロシア大統領選挙にかけてロシアの財政を圧迫するとともに、紛争の長期化が国際的非難とエリツィン大統領の支持率低下を招きました。

財政赤字の悪化により、その削減はロシアの至上命題となりました。1990年代初頭に財政赤字を補塡するため、ロシア中央銀行が紙幣増刷に走り、ハイパーインフレを助長した苦い経験があったためです。そこで、ロシア政府は国際市場からの資金調達を考えました。後に債務不履行（デフォルト）することになりますが、GKOと呼ばれるロシアの短期国債の発行を通じ、通貨ルーブルの増刷によるハイパーインフレを避け、海外からの資本を導入し、かつ、国内金融市場の整備を意図するものでした。他方、ロシア政府は経済改革を断行するとの条件の下で、1995年4月11日にIMFから680億ドルの支援を受けることに成功しました。この決定を受けて、対米ドルで下落が続いていたルーブルは反転し、ロシアに対する信認が一時的に回復することになりました。

IMFはこの支援と、その後、1996年3月26日に経済安定のため3年間で100億ドルの支援を決定した際も、財政赤字の削減が決定的な条件であると明示しています。ロシアが国際金融市場で信認を得ることが財政ファイナンスのうえで重要であること、加えて、その資金流入がルーブル相場を安定化させ、ひいては物価の安定につながると考えられていたからです。

しかし、ロシアの経済改革は順調に進みませんでした。財政健全化の目標達成は実現できず、過大な財政赤字がロシア危機まで続きました。

1996年6月にロシア大統領選挙（決選投票は同7月）が行われました。野党共産党候補の猛追を受けたエリツィン大統領は、なりふり構わない選挙戦を展開しました。この頃には、選挙で取り込んだオリガルヒなどと政治との距離が近くなりすぎ、その結果、エリツィン政権の当初の改革の掛け声は大きく後退していました。

しかし、インフレとルーブル相場の安定の下、GKOの利回りの高さが海外からロシアへの資金流入を助長することになりました。1997年のロシアの株価の上昇率は112％に達しました。

●……危機の展開

不均衡の蓄積は後に破裂することになります。1997年7月に勃発したアジア通貨危機がその序章でした。当初、ロシアの株式市場はそれほど大きくは反応しませんでした。10月27日にアジア市場への懸念から香港市場発の株価急落が米国株に波及し、ニューヨークダウは値幅で見て過去最大の下落（554ドル26セント安、下落率7・2％）を記録し、1

図2-12　原油価格とロシアの株価・為替レートの推移

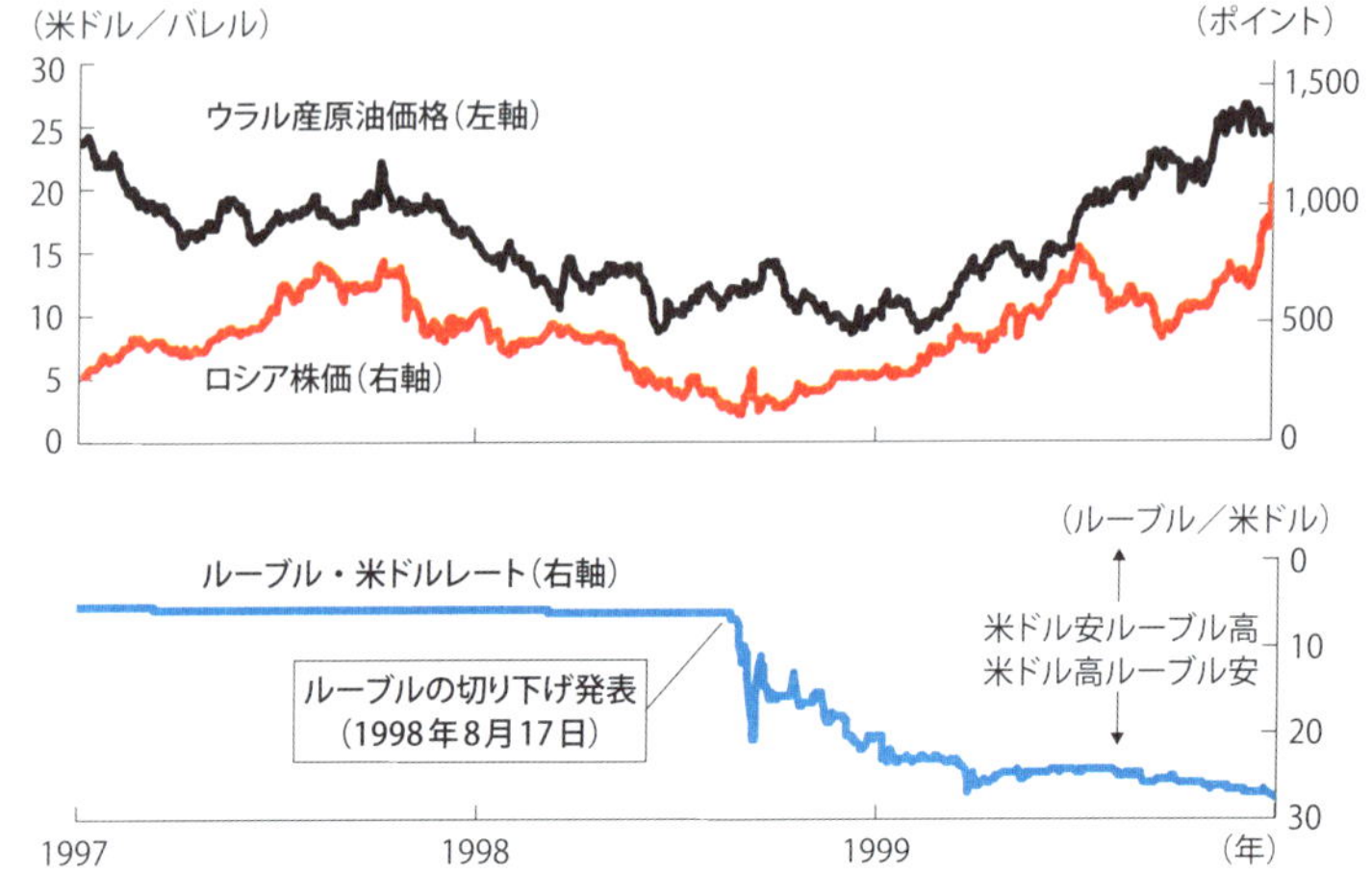

（注）データは日次で最後の値は1999年12月31日。
（出所）ブルームバーグ、各種報道資料より野村證券投資情報部作成。

987年のブラックマンデー（508ドル00セント安、下落率22・6％）を超える急落となりました。

ロシアの米ドル建てRTS株価指数も翌28日に19・0％もの急落となりました。その後もロシアの株価は下落の一途を辿りました。加えて、この頃からアジアの景気悪化が商品市況の下落圧力を強め、原油価格が下落し始めました（図2―12参照）。

当時からロシアは輸出の多くを天然資源に依存していました。国内経済が苦境に陥るなか、エリツィン大統領は海外に追加の金融支援を求めることになりました。1998年7月13日にIMFのカムドシュ専務理事が125億ドルの追加支援を実施する用意があることを表明しました。

このときすでに、エリツィン大統領の政治指導力の低下が明らかになっていました。他方、国内商業銀行部門の資金調達・運用の構造問題もありました。商業銀行の多くはロシア政府発行のユーロ債（自国以外の市場で発行される債券）を購入しており、投資資金はそれを担保にした借り入れに依存する部分が少なくありませんでした。担保としてのロシア政府が発行する債券の価格が下がる（金利が上昇する）と、商業銀行への貸し手は資金回収に走ることになります。

ロシア経済の危機を決定付けたのは、8月13日に著名投資家であるジョージ・ソロス氏の「ロシア危機は末期にある」とのコメントでした。

当時、ソロス氏はチュバイス大統領特別代表（元財務相）などロシア政府の要人と密接な関係が知られていました。エリツィン大統領は翌14日に「ルーブルの切り下げは絶対にない」と明言しましたが、市場への効き目はありませんでした。

金融市場に追い詰められた結果、ロシア政府は8月17日にルーブルの変動幅拡大や民間の対外債務の支払い凍結などを発表しました。当時のキリエンコ首相は「デフォルトではなく返済義務を全て履行する」と発言しましたが、これは事実上の通貨切り下げと債務のデフォルトを宣言するものでした。

ＩＭＦはすかさずロシア政府の努力が必要との見解を表明しましたが、通貨の下落は続きました。エリツィン大統領は通貨危機の責任を取らせる形で、改革派のキリエンコ首相を8月23日にわずか4カ月の任期で解任しました。後任の保守派であるプリマコフ首相は

金融市場に追い詰められたロシア政府が事実上の通貨切り下げと債務のデフォルトを宣言すると、通貨の下落が続いた。

野党の共産党と融和路線へ転じ、国内金融部門や政府予算の改革を進めました。ロシア危機直後は数多くの金融機関が倒産し、通貨安からインフレが再燃しました。

●……危機の収束

ロシア経済の回復のきっかけは、通貨安と原油価格の上昇でした。ルーブルは1997年末の1ドル＝5・96ルーブルから1998年末同20・62ルーブルへと約7割も下落しました。その結果、輸入が急減するとともに、輸出が大幅に増加しました。

この間、世界経済も後述する「LTCMショック」（227ページ参照）を乗り超えて成長力を回復させていたため、原油などの資源価格が上昇に転じました。輸出のなかでもエネルギー関連の輸出拡大が景気回復に大きく寄与することになりました。実際、当時の輸出を前年比で見ますと、１９９８年10－12月期が底で、その後減少幅が縮小し、１９９９年10－12月期には30％と拡大していきました。

ロシア経済は危機により疲弊し、消費は低迷しましたが、エネルギー関連企業の収益は輸出の増加によって改善し、同産業に関連する設備投資から景気回復色が強まりました。通貨安はエネルギー以外の輸出も拡大させることになり、輸出主導による景気回復がロシア危機克服の要因であったと言えます。財政面でも、輸出税を再導入すると共に歳出を抑制し、財政健全化の努力を続けたこともロシアの信用と景気回復に寄与しました。

◉……危機からの教訓と投資への示唆

ロシアルーブルは１９９７年７月以降に通貨危機に見舞われたアジアの通貨と同様に、為替レートが実質的に米ドルと連動していました。為替制度の安定は、海外の投資家がその国へ投資する際の不確実性を減らすうえで有効な条件です。一方、世界的な景気回復局面が長く続くと、投資家のリスクに対する許容度も高まり、より高い収益機会を求める動きが強まります。

投資家の過度な楽観論が強まると、「国は破綻しない」「悪影響が大きいので国際機関が救済する」との前提が広がりやすくなります。

ロシア危機における株価の底値は１９９８年８月27日でした。ロシア中央銀行がロシアルーブルの切り下げを発表したのは、やや先立つ8月17日でした。株価は、通貨安↓輸出拡大↓景気回復のパターンを織り込みにいったものと思われます。このロシア危機のケースも、アルゼンチン危機やアジア通貨危機と同様に、ＩＭＦなどの国際金融機関からの支援を受けている、との条件の下で、と言えるでしょう。

加えて、ロシアは世界有数のエネルギー大国です。危機後の早い段階で経済が持ち直したのは、原油価格の上昇の恩恵による部分が少なくありません。資源国の危機に際しては、世界の景気回復（拡大）に伴う需要の増加から商品市況が上昇することで、その後の景気回復が早期に訪れる可能性を視野に入れるべきでしょう。

教訓

▼早すぎる市場開放は、過度の資本流入を促し、その後の価格調整を深める

▼IMFなどからの金融支援と、通貨切り下げが株式市場反発の契機になる

4 メキシコ通貨危機

◉……危機の背景

メキシコは１９８２年と１９９４年の二度にわたって経済危機を経験しています。危機の性格の違いから、１９８２年の危機は「メキシコ債務危機」、１９９４年の危機は「メキシコ通貨危機」と呼ばれています。ここでは後者を取り上げ、前者については後述する「中南米累積債務問題」でお話しします。

１９９２年12月17日、メキシコは米国、カナダとの間で進めてきたＮＡＦＴＡ（North America Free Trade Agreement）交渉に合意、署名しました。ＮＡＦＴＡは北米自由貿易協定で、一部を除く全ての関税が撤廃される関税同盟です。

１９９４年１月１日のＮＡＦＴＡ発効を前にメキシコへの投資ブームが起き、米国などから直接投資や銀行融資、証券投資の資金がメキシコへ流入しました。直接投資は、現地での工場建設や現地企業の買収という形態の投資です。当時、米国が低金利下にある中で、メキシコペソが米ドルに対して緩やかな切り下げで収まるように為替レートが管理されて

米国、カナダ、メキシコで合意したNAFTA発効を前に、メキシコへの投資ブームが起き、米国などから資金がメキシコへ流入した。

いたため、高金利のメキシコへ米国から資金が流入しやすい環境でもありました。

1990年代に入ると、メキシコの経常赤字が急拡大しました。前述のとおり、メキシコペソの対米ドルでの切り下げは緩やかでしたが、その切り下げ率よりもインフレ率が高かったため、実質為替レートが上昇し、メキシコの輸出競争力が低下していたためです。

実質為替レートについて、グローバルに販売される車を例に説明しましょう。国によって、多少品質に差はあるでしょうが、基本的な規格は世界で共通、との前提を置きます。車の米国での価格が1万ドルとします。日本での価格は100万円としますと、物価が均衡するドル円レート（購買力平価）は1ドル＝100円となります。

ここで、米国の物価が10％上昇し、日本の物価は不変としますと、米国での車の価格は1万ドル×1・1倍＝1万1000ドルとなります。この1万1000ドルを1ドル＝100円で円換算しますと、日本での車の価格は110万円換算となります。この110円がドルの実質為替レートになります。実質為替レートが上昇すると国際競争力が低下します。

つまり、米国の物価上昇率＞日本の物価上昇率、となる場合、ドルは対円で実質的に上昇することになります。名目の為替レートを二国間の物価格差で調整したレートです。各国の実質的な国際競争力を測る場合によく引用します。

1994年の4-6月期以降、状況が一変しメキシコは資金流出に見舞われました。要因の1つは、1994年2月以降、米国の金利が反転上昇し、米国へ資金が還流し始めたことです。FRBは1994年2月から1995年2月までの1年間にFFレートを3％から6％へ引き上げました。

2つ目の要因は政情不安の高まりです。1994年1月1日のNAFTA発効に反対するゲリラ組織、サパティスタ民族解放軍（EZLN）が南部チアパス州で武装蜂起しました。3月23日、折しも大統領選挙の遊説中に当時与党であった政治的革命党（PRI）のルイス・ドナルド・コロシオ候補が暗殺されるという事件が発生し、メキシコへの資本流入が急速に減少しました。

メキシコに流入していた投資資金のうち、安定性の高い直接投資よりも、足の速い証券

メキシコ政府は緊急経済対策、総額180億ドルの国際金融支援合意を発表したが、資金流出は止まらなかった。

投資が占める割合が高かったことも、資金流出を加速させた要因でした。

◉……危機の展開

当初、メキシコ中央銀行は外貨準備を取り崩して大規模なドル売りペソ買い介入を実施しましたが、奏功せず、外貨準備高が急速に減少しました。1994年12月20日には為替レートの介入レンジを拡大し、事実上のペソ切り下げに踏み切りました。しかし、その後もペソの下落は止まらず、同年12月22日にメキシコは変動相場制へ移行しました。

また、ペソ建ての短期国債の市中消化が難しくなったため、メキシコ政府はドル連動の短期国債への切り替えを進めましたが、外貨準備の減少に歯止めがかからず、債務不履行のリスクが意識されるようになりました。

メキシコ政府は1995年1月3日に緊急経済対策を発表し、外貨不足対策として需要の削減、為替レート以外の価格の統制、民営化プログラムなどを打ち出しました。また、総額180億ドルの国際金融支援が合意される見通しであることも明らかにしましたが、メキシコ市場からの資金流出は止まりませんでした。

◉……危機の収束

1995年2月1日に、メキシコに対して米国大統領権限による200億ドルの信用供与をはじめとする総額528億ドルの金融支援パッケージが合意されました。しかし、発表当初は、メキシコ政府の需要抑制策が楽観的すぎるとして評価されず、メキシコからの資金流出が進みました。その後、3月9日により厳しい需要抑制政策を含む安定化政策が発表され、ペソはようやく安定に向かいました。

1995年の実質GDP成長率は前年比マイナス5・8%と大幅なマイナスとなりましたが、歳出削減により財政収支は1994年の17億ペソの赤字から、1995年には8億ペソの黒字へ転じました。通貨安効果と需要削減により、貿易収支は1994年の185億ドルの赤字から1995年には71億ドルの黒字へ転換し、経常赤字も1994年の297億ドルから1995年には16億ドルへと縮小しました。

チアパス問題も、1995年4月にEZLNとメキシコ政府との間で和平交渉が始まり、

1996年2月17日に「先住民の諸権利と文化」に関する基本合意が結ばれ、一応の決着を見ました。メキシコ政府、政府系金融機関による外債の発行も円滑に行われるようになり、米国からの短期融資は1996年1月末に完済となりました。

その後、景気回復に伴い輸入が増加したため、メキシコの経常赤字は再び拡大しましたが、メキシコへの直接投資が拡大したことで、メキシコペソは徐々に安定化していきました。外貨準備も増加に転じました。1997年のアジア通貨危機、2002年のアルゼンチン危機の余波で、再びメキシコでも資金流出が見られたものの、2003年以降は新興国株式ブームに乗じ、メキシコの株式市場は本格的な上昇局面を迎えました。

◉……危機からの教訓と投資への示唆

メキシコの代表的な株価指数であるボルサ指数は、1994年2月28日の高値から底値となる1995年2月27日までに44％下落しました（図2-13参照）。

メキシコが通貨危機から立ち直ることができたのは、通貨ペソの切り下げによる輸出の拡大と国際協調融資に成功したことにあります。当時のメキシコの輸出の動きを確認しますと、1994年はNAFTA発効により前年比でマイナスの伸びにはなりませんでしたが、10％台後半で低迷していました。1995年に入ると30％程度の伸びへ拡大していきました。前年末の変動相場制への移行によりペソが急落し、割高感が解消されたためです。

図2-13　米国の政策金利とメキシコの株価・為替レートの推移

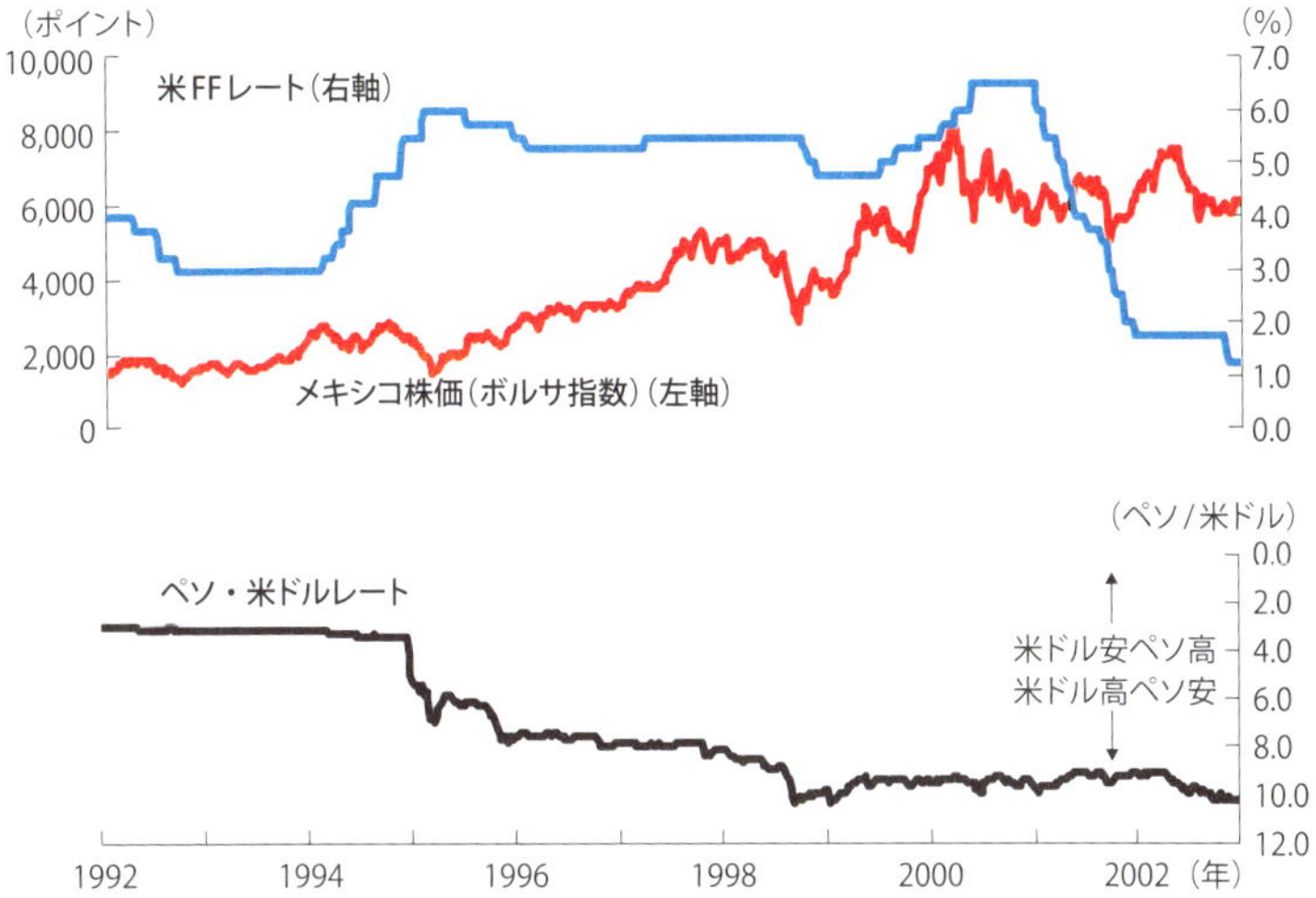

（注）データは週次で最後の値は2002年12月27日。
（出所）Thomson Reuters Datastreamより野村證券投資情報部作成。

また、1995年3月に決まったメキシコへの国際支援も重要なポイントでした。メキシコ政府は協調融資の条件である緊縮政策を受け入れました。短期的には経済成長率を減速させる痛みを伴う政策を強いるものの、中長期的には対外不均衡を是正することで、海外から投資を呼び込むことにつながりました。

前述のとおり、メキシコ通貨危機の要因の1つは、米国の金融引き締めによる金利上昇でした。最近でも2013年5月22日に当時のバーナンキFRB議長が量的緩和の縮小の可能性を示唆し、米国の長期金利が上昇したことで、新興国の株式、為替市場は下落を余儀なくされました。この点においては、当時のメキシコの状況と似ているとも言えます。

「バーナンキショック」とも言えるこの発言以降の新興国の対ドルレートの推移を見ますと、いわゆる経済のファンダメンタルズである経常収支、インフレ率の良好な国の通貨は総じて安定的に推移しています。FRBが利上げに転じた場合でも、経常黒字国や、経常収支の改善に取り組む新興国の株式、通貨は選好されることが考えられます。

教訓

- 輸出が成長を牽引する新興国にとって、割高な通貨は調整圧力を受ける
- IMFなどからの金融支援と、通貨切り下げが株式市場反発の契機になる

5 中南米累積債務問題

◉……危機の背景

中南米諸国の累積債務問題は1980年代に表面化しましたが、その原因はオイルショックと米国の利上げでした。

後ほど、「オイルショック」でも説明しますが、1973年に第4次中東戦争が勃発し、OPEC（石油輸出国機構）による石油価格の引き上げから第1次オイルショックが起こりました。同年の10月から12月にかけて石油価格は約4倍に上昇し、世界経済は混乱に陥りました。

第1次オイルショックにより、先進国の資金需要は大きく落ち込んだため、金融機関は天然資源が豊富にあり、潜在的な経済成長率が高いと期待された新興国向けの貸し出しを増加させました。なお、石油価格の上昇によりOPEC諸国の資金は潤沢になり、「オイルマネー」は世界のさまざまな市場へ還流することになりました。

1978年には産油大国であるイランにおいて革命が起き、OPECがコントロールできないほどに石油価格が上昇しました。これは第2次オイルショックと呼ばれており、第1次オイルショック以上に世界経済を混乱させました。

特に米国は、景気が低迷しているにもかかわらずインフレが続く、いわゆるスタグフレーションに陥りました。これを受けて、FRBはインフレ抑制のために強力な金融引き締めを行いました。1978年末に10％であったFFレートは1981年5月には19％へ上昇しました。1970年代から急増した新興国のドル建ての変動金利債務は、金利上昇とドル高を受けて負担が拡大し、新興国の財政を圧迫しました。

一方、中南米諸国が一次産品に依存した経済構造であったことも背景にあります。1950年代から1960年代にかけて「輸出悲観論」が唱えられました。「輸出悲観論」とは、中南米諸国が一次産品を輸出し、先進国から工業製品を輸入するという国際分業の下では、先進国に対する発展途上国の交易条件（輸出価格÷輸入価格）は悪化するというものです。この式のとおり、交易条件が上昇すれば貿易収支は改善しますし、低下すれば貿易収支は悪化します。

そこで、中南米諸国は輸入代替戦略によって、一次産品依存型の経済からの脱却を図ろうとしました。輸入代替戦略とは、一次産品の輸出によって得た外貨をもとに生産に必要な原材料、資本財、中間財を輸入します。一方で、消費財は輸入せずに国内で生産し、徐々に工業化を進めるという戦略です。

工業化が進展して経済が成長するに従い、国内で生産できない中間財や資本財の輸入が増大し、さらに割高に設定された為替レートが一次産品の輸出を停滞させたため、貿易収支は悪化しました。加えて、国内産業を守る保護主義的政策により、非競争的な市場が形成され、多くの非効率的な企業が存続する結果となりました。

この過程で、輸入代替化のための公共投資や補助金に加え、非効率な国営企業の赤字を補塡したため、財政支出が拡大しました。この財政支出は海外からの借り入れによってファイナンスされ、累積債務問題の原因になりました。

◉……危機の展開

それでは、次に、メキシコ、ブラジル、アルゼンチンの順に累積債務問題が展開する状況について説明しましょう。

当時、メキシコは原油輸入国でしたので、1973年の第1次オイルショックを受けて、当時のエチェベリア政権（1970〜76年）の下で深刻な国際収支危機に直面しました。対外債務は1971年の76億ドルから1976年には241億ドルへと3倍超へ膨張し、1976年にIMFの緊急支援を受けることになりました。

その後、1977年に成立したポルティージョ政権（1977〜82年）の下で巨大油田が発見されたため、石油開発を柱とした公共投資主導型成長へと舵を切りました。経済成長

1970年代後半、メキシコでは石油開発を柱とした公共投資により経済成長率は高まったが、インフレ率が大幅に上昇した。

率は年平均8%台へと高まりましたが、公共投資の対GDP比は1978年の23・6%から1981年には29%へと増加しました。当初、財政赤字のファイナンスは主として国内で賄われたため、通貨供給量の増大を招き、インフレ率が大幅に上昇しました。

このインフレ率の上昇に対して、名目為替レートの切り下げのペースが遅れたため、1977年から1981年にかけて、実質実効為替レートは約30%上昇しました。名目為替レートの緩やかな切り下げは、結果として対外借り入れを拡大させ、1981年には対外債務残高は784億ドルに達しました。

1978年の第2次オイルショックによる原油価格の上昇、米国金利上昇に伴う支払利息の増加を受けてメキシコの経常収支は悪化し、過大評価されたメキシコペソの切り下げ懸念から資

1970年代のブラジルでは積極的な公共投資と重化学工業化が進められ、「ブラジルの奇跡」と称される高度経済成長期を迎えた。

本逃避が発生しました。メキシコ中央銀行はペソ防衛のためのペソ買いドル売り介入を実施しましたので、外貨準備高は急減し、メキシコ政府は1982年8月、対外債務返済の一時停止、いわゆるモラトリアムを宣言するに至りました。

次にブラジルの状況について説明します。1964年の軍事クーデター後の経済調整期を経て、1960年代末から1970年代末のブラジル経済は、「ブラジルの奇跡」と称される高度経済成長期を迎えました。新経済計画（1968～70年）、第1次国家開発計画（1971～74年）の下で、積極的な公共投資と重化学工業化が進められました。1968年から1973年の平均実質GDP成長率は年平均11％に上りました。

第1次オイルショック後には、第2次国家開発計画（1974～79年）の下で、エネルギーや鉱山などの資源開発、国営製鉄所の設立などの大型プロジェクトが進められました。一方で、悪化した国際収支の改善策として、メキシコと同様に資本財、鉄鋼、非鉄金属、化学などの中間財の輸入代替策がとられました。

こうした高成長は財政支出拡大に依存したものでしたので、インフレ率の高進と対外債務の急増を招きました。二度のオイルショックに伴い、当時、石油輸入大国であったブラジルの貿易収支は大幅な赤字を計上しました。海外の民間銀行からの借り入れに大きく依存していましたので、米国金利が上昇するなかで、国際収支が急速に悪化しました。

1982年8月にメキシコ政府がモラトリアム宣言を行ったことを受けて、他の中南米諸国に対する警戒感も高まり、ブラジルへの資本流入は激減しました。1982年12月、ブラジル政府はIMFに対して債務救済の要請を行いました。

最後にアルゼンチンです。1960年代半ばから1970年代にかけて、世界的に一次産品価格が上昇したことを背景に、農産物が輸出の主力商品であるアルゼンチン経済は好調に推移しました。その後、一次産品価格の低迷により同国経済は伸び悩みました。

1976年3月、軍事クーデターが発生し、ビデラ軍事政権が発足しました。インフレ抑制に取り組むとともに、従来の保護主義的政策から、開放政策へと方向転換しました。しかし、恒常的な財政赤字に改善は見られず、財政赤字のファイナンスは主に対外借り入れによって行われました。

軍事クーデターによってビデラ軍事政権が発足すると、インフレ抑制に取り組むとともに、開放政策へと方向転換した。

1976年から1983年まで4代の軍事政権が続きましたが、この間、対外債務残高は97億ドルから460億ドルへ拡大しました。消費者物価も大幅に上昇したため、ここでも実質為替レートの上昇が進み、貿易収支が大幅に悪化しました。

通貨であるアルゼンチンペソの切り下げ観測が広まり、資本逃避が発生しました。アルゼンチン政府は市場介入により、ペソを買い支えたものの、資金流出が止まらなかったため、1981年に変動為替相場制へ移行しました。

1982年4月、ガルティエリ政権は英国と領有権を争ってきたフォークランド諸島へ侵攻しました。この紛争に敗北して軍部が退陣し、1983年にアルフォンシン政権（急進党）が成立し、民政へ移行しました。この敗北により資金流出が加速し、1983年にIMFへ金融支援を要請することになりました。

アルゼンチンはその後、IMFや世界銀行などの国際機関との協議、対策を重ねてきましたが、現在に至るまで債務問題の根本的な解消までに至っておらず、いまだに国際金融市場での資金調達が難しい状況にあります。この経緯は前述の「アルゼンチン危機」で説明したとおりです。

◉……危機の収束

結果的には、国際金融支援は3つの段階を踏んで実施されました。

第1の時期は、1982年の危機発生直後に行われたIMF主導型の、総需要抑制策を中心とした短期的な流動性支援策が実施されました。IMFが緊急の融資を行い、その条件として債務国と緊縮的な政策で合意し、その合意を条件に民間銀行が債務諸国に債務のリスケ（元本・金利返済の繰り延べ）、当面の利払いに必要な最小限の新規融資を行うというものでした。IMFの融資条件は、増税や公共料金の引き上げによる財政赤字の削減や、通貨の切り下げ、賃上げの抑制など非常に厳しく、痛みを伴う政策でした。中南米諸国のほとんどがマイナス成長となるなど、景気はさらに悪化し、累積債務問題は一層深刻になりました。

第2の時期は、1985年9月の「ベーカー提案」以降1989年2月までの期間であり、より長期的な対応が行われ、世界銀行の融資による構造調整が実施された局面です。当時、

「ベーカー提案」によって、IMFの役割を継続させながら、より長期的な世界銀行の融資による構造調整が実施された。

米国の財務長官であったジェームズ・ベーカー氏は1985年10月にソウルで開催されたIMF・世界銀行年次総会において、「持続的成長のための計画」と題した提案、いわゆるベーカー提案を行いました。

ベーカー提案は、第1に債務国が従来のマクロ経済政策に加え、中・長期的な構造調整政策を行うこと、第2に従来のIMFの役割を継続させながら、世界銀行や米州開発銀行などによる構造調整融資を増加させること、第3に債務国の支援のために民間銀行の融資を拡大し、3年間で200億ドルの新規融資を行うことを内容としていました。

この提案がなされた背景には、①中南米諸国の累積債務問題は、短期的な需要抑制政策によって解決できる問題ではなく、中・長期的な返済能力にかかわる構造的問題である、②経済成長を遂げるためには、債務国が市場メカニズムに基づいた中長期的な経済構造改革を進め、IMF、世界銀行、民間銀行による中長期の新規融資が必要である、との考え方がありました。

ところが、民間銀行は新規貸し付けを行うよりも貸付債権を減少させることを望んでいたため、新規融資については十分な成果を挙げることはできませんでした。このため、ベーカー財務長官は、1987年9月に「メニュー・アプローチ」を提唱しました。メニュー・アプローチとは、債務の株式化など、債務をさまざまな形態に転換することによって債務国に資金を流入させようとするものでした。しかし、このメニュー・アプローチによっても累積債務問題は解決しませんでした。

第3の時期は、1989年3月に米国の財務長官であったニコラス・ブレディ氏が発表した「ブレディ提案」に基づいて債務再編を目指した時期です。ブレディ提案は、債務国が経済構造調整策を実施していることを条件に、債務救済を行うものでした。債務削減を行わない限り、債務国の経済成長も資金流入も望めないという認識の下、従来のリスケ、新規貸し付けの供与という債務戦略を大きく修正するものでした。債務の株式化、いわゆるデット・エクイティ・スワップもこの時期に導入されました。

ブレディ提案に基づき、メキシコ、コスタリカ、ベネズエラ、ウルグアイ、アルゼンチンは、国際金融機関や先進諸国政府の公的資金により元本を保証することを前提に、民間金

図2-14　米国の政策金利とメキシコの株価・為替レートの推移（1980年代）

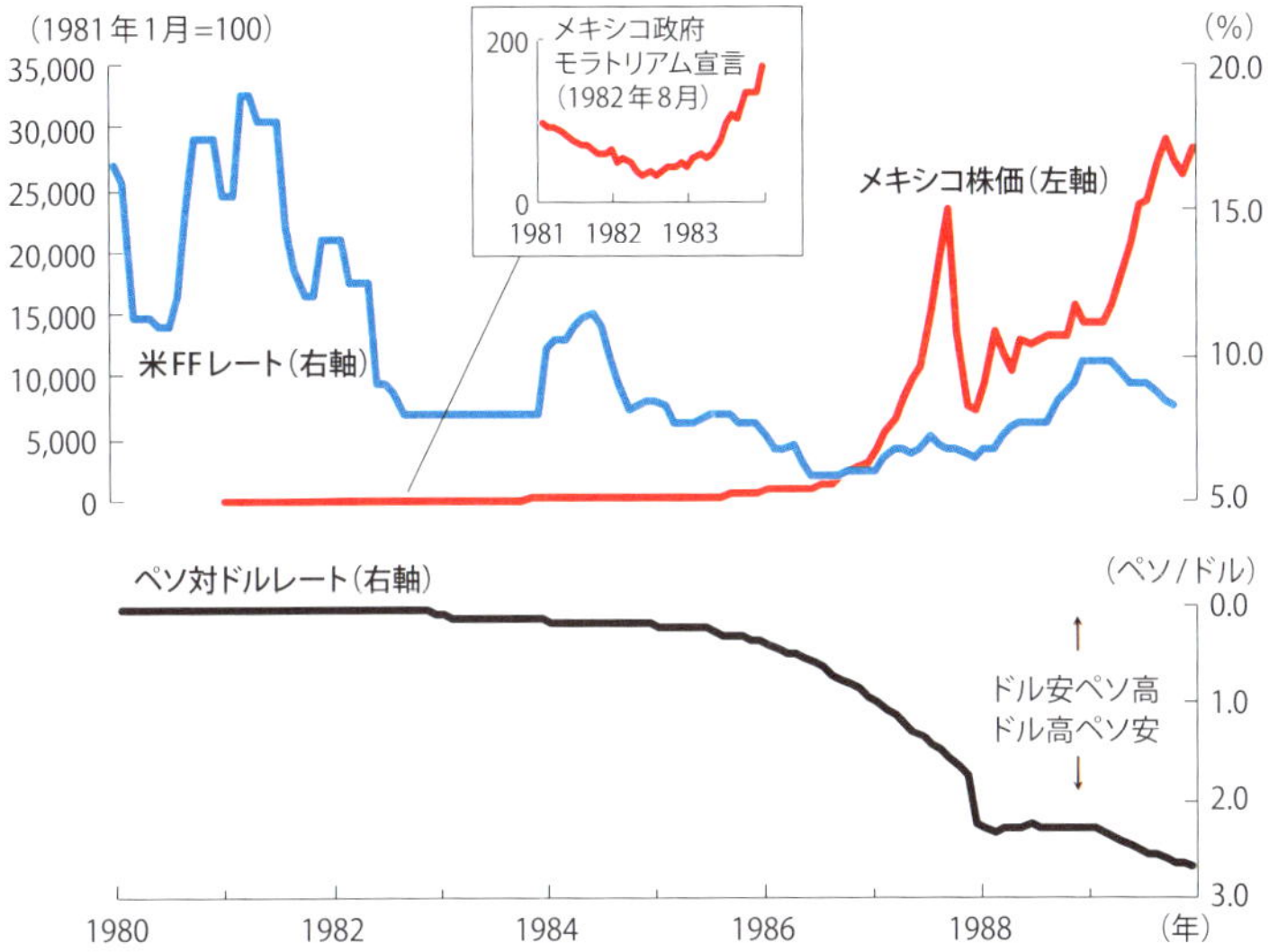

（注）データは月次で最後の値は1989年12月。
（出所）Thomson Reuters Datastreamより野村證券投資情報部作成。

融機関へ負う債務の元本や利子支払いの削減が行われました。債務国が1980年代に実施した構造改革の成果が1990年代に入ってから現れ始め、財政赤字の削減、輸出拡大によって債務返済能力が向上しました。さらに、米国金利の低下もあり、対外債務の負担が軽減されました。この結果、中南米諸国に対する信頼が回復し、1991年以降、資本純流入額は黒字へと転じるなど、累積債務問題は解決に向かって大きく前進しました。

◉……危機からの教訓と投資への示唆

中南米累積債務危機は、拡大する国内の投資が対外債務によってファイナンスされていた状況のなかで、オイルショック後の米国のインフレ抑制策により、借入コストが上昇したことで債務が膨張し、債務支払いに窮した危機でした。

当時のメキシコの株価を見ますと、皮肉なことに、メキシコ政府がモラトリアムを宣言した1982年8月にやや先行する形で5月に底打ちしています（図2-14参照）。また、メキシコ中央銀行はこの年の2月にペソ買い介入を停止しました。以降、メキシコペソは継続的に切り下げられていきます。輸出の前年比での変化率を見ますと、1982年1月に減少に転じ5月までマイナスの伸びが続きますが、6月以降はプラスへ転じています。

一方、過去の主要経済統計を振り返ると、対外債務の金利の支払い額がGNI（国民総所得）比で4％を超えると、対外債務問題が浮上する兆しと考えられます。

リーマンショック後、世界の金利は金融緩和により低位で推移しており、対外債務に依存する途上国の利払い負担を抑えてきました。しかし、今後、米国の金融引き締めが本格化した場合、重対外債務国の負担が拡大することには留意が必要でしょう。

教訓

▼割高な為替レートは調整を余儀なくする
▼対外債務のリストラ発表が株価の底入れの契機になる

6 ソロス対英国中銀

◉……危機の背景

欧州は1999年1月に「ユーロ」という共通通貨の創造という歴史的な偉業を成し遂げました。しかし、通貨統合の道のりは平坦ではありませんでした。

1992年、制度上の弱点と当時の欧州各国の経済状況などが絡み合って生じた「隙間」をジョージ・ソロス氏率いるヘッジファンドにつかれ、英国は欧州通貨メカニズム（ERM）を脱退せざるを得ない事態に追い込まれました。

この出来事は英国の国家威信を大きく損なうもので、英国の経済史上で最悪の1日として「ブラック・ウェンズデー」と名付けられました。現在に至っても英国がユーロを導入しないのはこの出来事が大きく影響していると言われています。

1992年に英国が危機に直面するに至ったのは、ERMの弱点、東西ドイツの統一、英国の欧州に対する姿勢の曖昧さ、という3つの要因が背景にあったと考えられます。

第2次世界大戦後の欧州統合の道筋は「欧州財政危機」でお話ししたとおりですが、その一環として1979年3月13日に発足した欧州通貨制度（EMS）は、EC（EUの前身である欧州共同体）参加国相互の為替レートの安定を図り、ひいては域内貿易・投資の活発化を目標とした制度でした。

EMSは発足当時のEC加盟8カ国により構成されるECU（欧州通貨単位）という仮想の通貨バスケットを導入しました。この通貨バスケットにおける各国通貨の比重は経済規模に応じ定められ、発足時におけるウェイトは西ドイツマルクが33・0％、フランスフランが19・8％などとなっていました。

EMS参加各国は自国通貨の対ECU基準相場を定めました。まず、ECUに対する各国のレート、例えば1ECU＝2・48208西ドイツマルク、1ECU＝5・84777フランスフランと定め、これを基に各国通貨間の中心レート、例えば1西ドイツマルク＝2・35596フランスフランのように算定されます。

ERMは「パリティ・グリッド（相互平価）」という方式によって参加国間の為替変動を一定の範囲内に収めるよう参加国に義務付けました。パリティ・グリッドとは、EMS参加国通貨は中心レートから最大±2・25％（ただし、イタリアリラは±6％）の範囲内で日々の変動が認められ、仮にこれを突破する可能性が生じた場合は、当該2国の通貨当局、すなわち中央銀行は無制限の介入によって許容限度内に収めることが義務付けられました。

当然のことながら、EMS加盟各国の基礎的経済条件（ファンダメンタルズ）には格差が

ベルリンの壁崩壊を契機に東西ドイツ統一への機運が盛り上がったが、両国の間には極めて大きな経済格差が存在した。

あり、経常収支などの不均衡は是正されずにEMSは発足しました。EMS参加国は欧州最大の経済力を誇るドイツに追随する経済運営を事実上迫られることになりましたが、加盟各国のファンダメンタルズの違いを反映して各国通貨に強弱が生じました。介入する以外に通貨の変動に対する方策はなく、たびたび中心レートの調整に追い込まれました。

1979年から1990年までに12回の調整が実施されました。特に通貨同盟に向けた動きが進むなかで、金融政策、財政政策のしばりが強まり、その調整は困難さを増しました。

1989年11月の「ベルリンの壁崩壊」を契機に、急速に東西ドイツ統一への機運が盛り上がりました。そしてついに、1990年10月、「ドイツ統一に関する条約」が発効し、国家としての統一が実現しました。統一前の東西ドイツ経済を比較すると、旧東ドイツのGDPは旧西ドイツの1割強、平均月収は3分の1（東西両ドイツマルク通貨交換比率を1対1と仮定して）に過ぎず、両国の間には極めて大きな経済格差が存在しました。

統一前に浮上した大きな問題は、東西ドイツの通貨統合の際の交換比率でした。最終的には、当時の西ドイツのコール首相が決断し、1対1の交換比率が採用されました。当時の実際の交換比率は1対4ないし5、と言われていましたので、旧東ドイツマルクの交換比率が実力以上に設定されたことは、コスト増を通じて旧東ドイツの生産部門へ大きな打撃を与えました。

旧西ドイツ経済は1986年以降続いてきた景気拡大局面に、旧東ドイツの人口約1600万人の新たな市場が加わったことによる特需が重なって、1990年後半から1991年にかけて高成長が続きました。EC域内各国のドイツ向け輸出も1990年央以降急増し、それまで大幅な赤字基調であった対ドイツ貿易収支は大きく改善しました。

ドイツ経済には、旧東ドイツ支援のための財政支出拡大、旧東ドイツの生産部門が打撃を受ける一方、需要拡大からのインフレ圧力が増大、金利の高止まり、という形で「統一コスト」がのしかかりました。インフレ圧力の高止まりに対して、ドイツの中央銀行であるドイツ連銀は1991年内に3回にわたり公定歩合を6・0%から8・0%へ引き上げました。

「統一コスト」の重圧はドイツ国内にとどまらず、対外的にも影響が及びました。ドイツの長期金利の上昇はドイツマルク高を招き、これがEMSの枠組みの下でEC加盟各国に金利上昇圧力を与え、折から統一特需の終焉で低迷色を強めつつあった欧州景気に対して、デフレ効果を強めていくことになりました。

◉……危機の展開

島国であり、歴史的に欧州大陸と一線を画してきた英国はERM、さらには欧州統合に対して曖昧な姿勢を続けました。この点が、市場が英国は欧州統合に対して後ろ向きであるとの懸念を抱く理由でした。当初、英国は欧州統合の動きに対して距離を置いていました。1979年のEMS設立時にはERMへの参加を見送りました。

同年に就任したサッチャー首相は、就任前には親欧州派と見られていましたが、首相就任後は独仏などと対立する場面が増え、「欧州統合懐疑派」と目されるようになりました。英国内では政権内でERM参加、欧州統合を巡り意見対立が続きましたが、欧州統合に向けたうねりが高まるなかで、1987年に1992年末の市場統合を定めた単一欧州議定書に参加し、さらにはERMへの参加も視野に入れ始めました。

そして、通貨統合や東西ドイツ統一の動きが具体化するなかで、1990年10月にERMに参加しました。英ポンドについては対ドイツマルクで1ポンド＝2・95ドイツマル

EMSによってレートを維持しなければならない英国が抱える矛盾に注目したのがヘッジファンドを率いるジョージ・ソロス氏だった。

クを中心レートとし、±6％の変動幅が設定されました。

1992年になると、東西ドイツ統一コストやドイツの高金利に引きずられ、経済が低迷しました。欧州各国は政策金利を引き下げる必要があったのですが、ドイツ連銀は東西統一後にインフレが進むことを警戒し、利下げに抵抗しました。

当時のドイツには他国の経済状況を考慮する余裕はありませんでした。ドイツが金利を引き下げなければ他の欧州諸国も下げることはできませんので、英国はEMSのなかで平価を維持することはデメリットであると認識するようになりました。英国としては、輸出拡大によって景気を回復させるためにポンドを切り下げる必要がありましたが、1ポンド＝2・95ドイツマルクの中心レートを維持しなければなりませんでした。

英国が抱える矛盾に注目したのがヘッジファンドを率いるジョージ・ソロス氏でした。危機の兆候が見え始めたのは1992年の6月です。同年2月に欧州連合条約となるマーストリヒト条約が調印され、欧州通貨統合の機運が高まりました。条約発効には全加盟国の批准が必要でした。6月2日にデンマークが批准の可否を問う国民投票を実施しましたが否決され、通貨統合に対する懸念が一気に高まりました。同時並行的に、英国などの景気が一段と悪化し、ポンドやイタリアリラに対する信用が大きく揺らぎました。ドイツ連銀が東西統合後のインフレを抑制するために、7月に公定歩合を引き上げたことで欧州通貨市場にさらなる圧力をかけました。

この1992年7月のドイツ公定歩合引き上げ（8・0%→8・75%）以降、イタリア、オランダ、ベルギーなどのEU加盟国は追随利上げに追い込まれました。

通貨統合を見据えた政策スタンスを維持したため、加盟各国はドイツマルク堅調の下でERMの枠組みに制約されました。つまり、国内景気の停滞にもかかわらず、引き締めの金融政策運営を余儀なくされる「ジレンマ」に陥りました。

ドイツ連銀の金融引き締め姿勢が金利上昇を招く一方、ドイツマルクの他通貨に対する上昇圧力を招いたため、他の加盟国は自国通貨を買い支える介入を強いられ、緊縮的な経済運営を余儀なくされました。これが景気停滞を一層深刻化させました。

為替市場の動揺は続き、1992年9月13日にイタリアリラは7%の切り下げに追い込まれましたが、この機に乗じてソロス氏はポンド売りを仕掛けました。9月15日にドイツ

図2-15　英国の株価と為替レートの推移

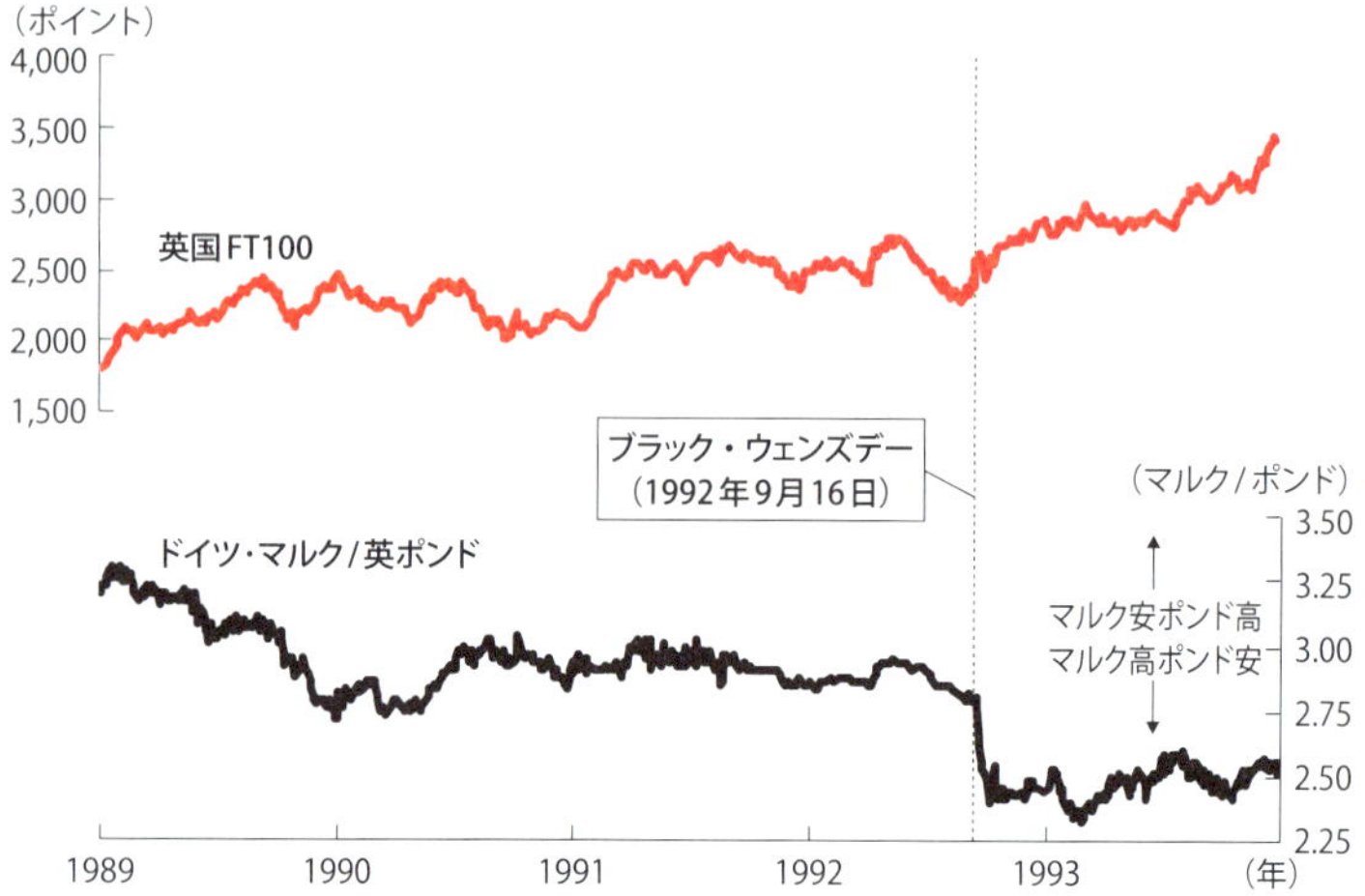

（注）データは日次で最後の値は1993年12月31日。
（出所）Thomson Reuters Datastreamより野村證券投資情報部作成。

が利下げを実施したものの、市場の期待を下回る小幅なものであったことから、ポンド売りは止まりませんでした（図2-15参照）。9月16日もソロス氏をはじめとする市場のポンド売りは続き、英国中銀はポンド下落を阻止するためポンド買い介入を続けるとともに、同日午前に公定歩合を10%から12%へ引き上げました。

しかし効果はなく、午後に入るとさらに公定歩合を15%へと引き上げました。それでもポンド売りは止まらず、英国はERMを離脱することになりました。ソロス氏が英国中銀を打ち破った瞬間でした。

◉……危機の収束

なぜイタリアリラではなく英国のポンドがソロス氏に狙われたのか考えてみましょう。一番の理由として、ポンドが過大に評価されたため

ソロス氏がポンド売りを仕掛けると、英国中銀が抵抗したもののポンド売りは止まらず、英国はERMを離脱することになった。

と考えられます。

メキシコ通貨危機で説明した通貨の競争力を測る実質実効為替レート（実効とは、貿易相手国との貿易量を勘案したもの）で考えてみますと、英ポンドの実質実効為替レートは長期低落傾向にありました。しかし、1990年にERMに加盟する際、ポンドは当時の実勢に見合ったレートより背伸びをした格好で、つまり割高のレートでERMに参加しました。当初、国内のインフレに悩む英国としては高めのレート設定は好都合でしたが、一方でこれが輸出を減速させ、景気を悪化させることになりました。

英国の輸出構造にも起因していたと考えられます。1992年7月にドイツが利上げを実施したことでドイツと米国の金利差が拡大したため、ドイツマルク高・ドル安の流れが進行しました。英国の輸出に占める米国向けの割合はイタリアのそれよりも多く、輸出競争力の低下や経常収支の悪化が進むと考えられました。

ＥＲＭから離脱した英国は独自の政策運営が可能になりました。その後、数次にわたり利下げを実施し、英ポンドは大きく下落しました。これに伴い輸出競争力は改善し、英国経済は回復へ向かいました。英国の代表的な株価指数であるＦＴ１００は、英国がＥＲＭに加盟した１９９０年10月以降、一進一退の動きとなっていましたが、英国がＥＲＭから離脱する１９９２年９月16日に先立つ１９９２年８月25日に２２８１ポイントを底として、その後、景気回復とともに上昇基調を辿っていきました。

ドイツの高金利政策が欧州全体に伝播して、欧州の景気低迷が長引くなかで、ポンド相場の急落を契機に、英国経済がいち早く不況から脱出したことは注目されます。

◉……危機からの教訓と投資への示唆

先に説明したとおり、自国通貨をドルにペッグする通貨政策の下では、経常赤字などファンダメンタルズに弱みを持つ国が通貨危機に見舞われるケースは数多く見られます。１９９２年の英国の場合、対ドイツマルクの中心レート自体が問題視されていました。加えて、東西ドイツ統一に伴うドイツの高金利政策が副作用として働き、市場に弱点を突かれたと言えます。

ＥＲＭ離脱後のポンド下落により、輸出回復を梃子として英国経済は立ち直りましたが、通貨安にもかかわらずインフレは沈静化し、1997年にはERM加盟時の対ドイツマルク中心レートまでポンドは回復しています。

紆余曲折を経ながら、1999年に英国などを除く11カ国で共通通貨ユーロが導入されました。現在も続くギリシャ危機に直面するなかで、ユーロは崩壊寸前とまで言われていますが、今のところ、安全網の整備などで何とか乗り切っています。

先般の欧州財政危機は「財政と金融は不可分」との前提にもかかわらず、財政規律が甘かったために、市場に「隙」を与えてしまったために生じました。今後もこのような「隙」を与える局面では、ユーロ売りの局面が訪れる可能性があるでしょう。

教訓

▼割高な通貨は調整圧力を受ける
▼通貨切り下げが株式市場反発の契機になる

パターン❹ レジーム・チェンジ（制度変更）

このパターンでは、レジーム・チェンジ、すなわち、大きな制度変更が相場の転換点となった事例について取り上げます。①ニクソンショック、②共産圏の崩壊、③オイルショック、が代表的な事例です。

パターン④ レジーム・チェンジ

1 ニクソンショック

◉……危機の背景

第2次世界大戦後の国際金融史上の大事件といえば、1971年のニクソンショックが挙げられるでしょう。8月15日の日曜日、当時のニクソン米国大統領がドルと金の交換停止を突然宣言し、世界の金融市場が大混乱に陥りました。

普段、私たちは疑問を持たずに紙幣を使っています。しかし、よくよく考えてみると、ただの紙切れをモノと交換できるのは、日本に住む私たちが日本円を「信用」しているからにほかなりません。この「信用」が失われると大混乱に陥ることは火を見るよりも明らかでしょう。経済史では、通貨の「信用」が失われて急落する、いわゆるハイパーインフレがしばしば起きています。

お金に対する「信用」を保つために、価値のあるものと交換できるという保証があれば安心できます。19世紀後半には多くの国で、政府が貨幣と金との交換を保証する仕組みが採用されました。昭和恐慌や世界恐慌の解説で言及しました「金本位制」です。

金本位制の下で、政府が保有している金の量に比べて多くの紙幣を発行してしまうと、金との交換性に疑義が生じます。政府は支出を抑えて無駄な貨幣発行を慎まなければならないのですが、戦時には財政支出が急拡大してしまいます。これまで説明しましたとおり、1914年に始まった第1次世界大戦を機に、多くの国が金本位制を離脱しました。1920年代には金本位制を再度導入する動きが広がりますが、1929年に始まった世界恐慌に際して再び金本位制は停止され、世界はそのまま第2次世界大戦へと突入していきました。

終戦に先立つ1944年7月、戦後の世界経済システムについて主要国が話し合う場が設けられました。戦後、再び金本位制を採用することが決まりましたが、米国が圧倒的に金を保有していましたので、米国が1トロイオンス＝35ドルで金とドルの交換を保証し、他の国は自国通貨とドルの交換レートを固定するという、間接的な金本位制を採用することとしました。正確に言えば「ドル・金本位制」でしょうか。この会議は米国のニューハンプシャー州にあるブレトンウッズという町で開かれましたので、この通貨体制は「ブレトンウッズ体制」と呼ばれます。

ブレトンウッズ体制の下で、日本円は1ドル＝360円でドルに固定されました。その他の通貨も一定のレートでドルに固定されました。

ところが、1971年8月15日、米国のニクソン大統領が、一方的に金とドルの交換には応じないことを発表してしまったのです。世界経済の秩序の大前提が崩れてしまったのですから、当時の人々の混乱は想像に余りあります。

1950年代末以降、米国の金保有量は減少傾向を辿り、ドルに対する不信感がたびたび表明されていました。1971年の5月には、ドル売り西ドイツマルク買いの動きが強まり、マルクが実質的に切り上げられました。7月には、金のドル建て価格が急騰しました。8月には、米国の上下両院経済合同委員会国際通貨分科会がドル切り下げを提案します。こうした状況の下でのニクソン大統領の決断でした。

ニクソン大統領の声明に対する市場の反応として、金と交換できるという保証を失ったドルが売られるのは明白でした。為替市場の混乱を回避するため、欧州各国は翌16日の月

1971年8月15日、米国のニクソン大統領が一方的に金とドルの交換には応じないことを発表し、世界経済の秩序の大前提が崩れた。

曜日に為替市場を閉鎖しました。1週間後に為替市場を再開したときには、固定レート維持を放棄し、多くの国は変動相場制へ移行しました。

日本は、当時の大蔵省内でさまざまな議論があったようですが、為替市場を閉鎖しませんでした。結果としてドル売りが殺到し、大蔵省・日銀は360円というレートを維持するために猛烈なドル買い円売りを続けました。しかし、結局は市場の力に押され、8月28日に変動相場制へ移行しました。

◉……危機の展開

ニクソンショックの後も、金とドルを中心とした金融秩序を復活させる努力が続けられました。各通貨をどの程度切り上げるのか、ドルをどの程度切り下げるか話し合われ、1971年12月18日、米国のワシントンにあるスミソニア

スミソニアン合意により各国通貨は対ドルで一律の切り上げとなったが、最も切り上げ率が大きかったのは日本円で16.88%だった。

ン博物館での会議で合意が成立しました。しかし、その後も外国為替市場の動揺は収まらず、1973年には主要国は全面的に変動相場制へ移行することになりました。

スミソニアン合意の内容を見てみましょう。各国の通貨は対ドルで一律の切り上げとなったわけではありません。最も切り上げ率が大きかったのは日本円で16・88%、次いで西ドイツマルクの13・58%、ベルギーフランとオランダギルダーの11・57%という順でした。

日本円や西ドイツマルクの切り上げ幅が大きかった理由は、国際収支上の優位性にありました。当時の総合収支を見ると、ニクソンショック直前の3年間である1968～70年平均で、西ドイツが最大の17億1000万ドルの黒字、次いで日本が9億ドルの黒字となっていました。

図2−16　ニクソンショック後の日米独の金融指標の推移

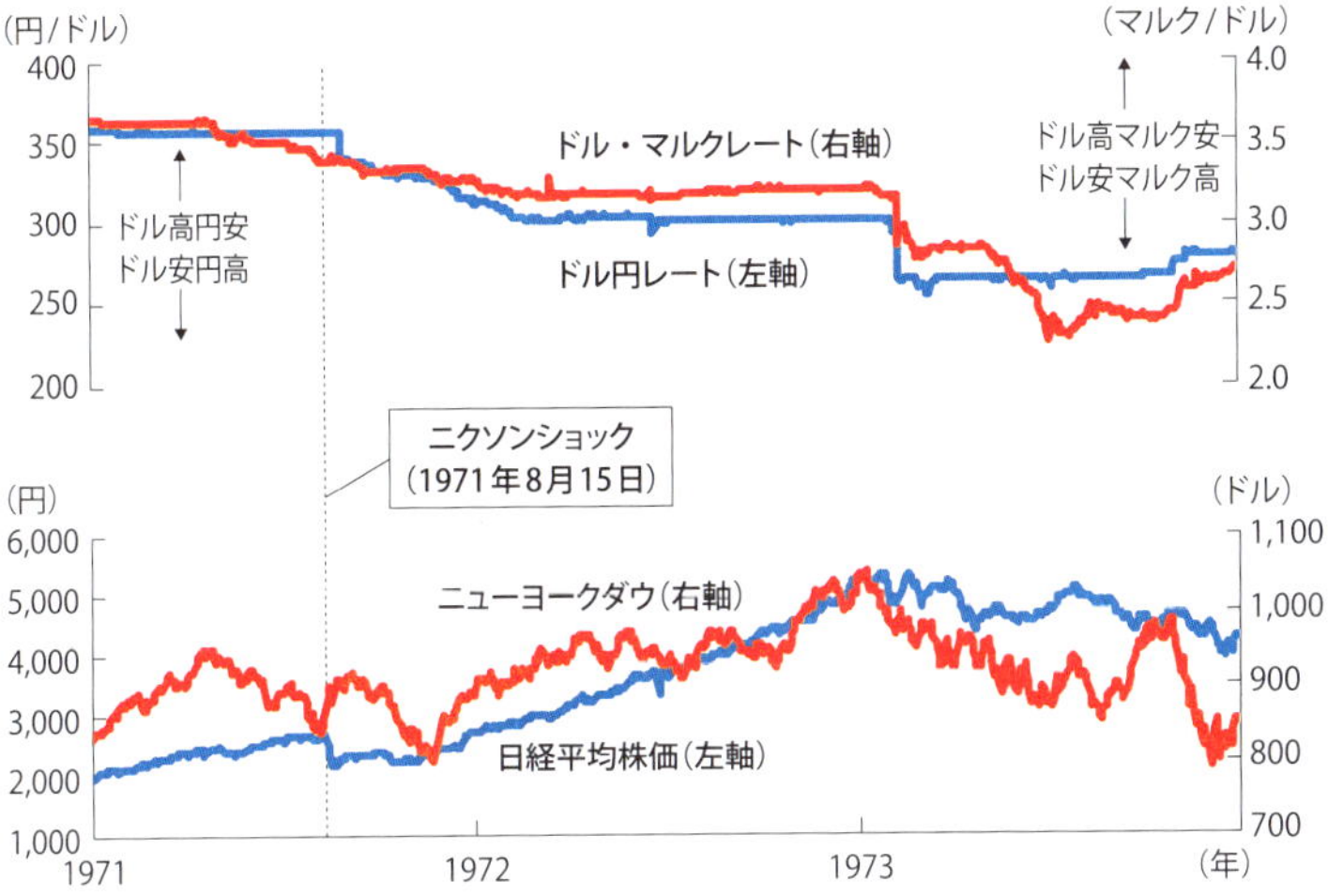

(注) データは日次で最後の値は1973年12月31日。
(出所) ブルームバーグより野村證券投資情報部作成。

スミソニアン合意の前に海外を視察した柏木雄介大蔵省顧問（当時）は、「切り上げする国々のなかで、日本円の動きが注目されており、円が最大の切り上げをしなければ……欧州内では納得が得られない」「最も強いといわれる円がまったく調整せずに済ませるとは思えず」と報告しています。

ニクソンショックは、株式市場に対してどのような影響を与えたのでしょうか。日経平均株価はニクソン大統領の声明直後、1971年8月16日に前週の土曜日比で7・7％の暴落となり、24日にかけて約2割程度下落しました。実はこの時点が株価の底値で、11月半ば以降は上昇基調が鮮明となり、1973年1月24日の高値まで148％の急上昇となりました（図2−16参照）。

西ドイツのDAX指数はニクソン声明を受

日経平均株価はニクソンショックの後、24日にかけて約2割程度下落したが、この時点が株価の底値で、それ以降は上昇基調となった。

けて下落基調に入り、1971年11月5日にかけて約18%の下落となりました。しかし、その後は日本と同様に上昇基調に転じ、1972年8月9日の高値まで41%上昇しました。

ニューヨークダウは一時的に上昇した後、下落へと転じました。ただし、11月23日に付けた底値は7%程度低い水準であり、日本、西ドイツよりも下落率は小幅でした。その後は株価が上昇基調に転じ、1973年1月11日の高値まで32%上昇しました。

全体的に見ると、ニクソンショックは各国の株価下落を招いたものの、概ね3カ月後には株価は上昇基調に転じており、大きな悪影響を与えませんでした。

◉……危機の収束

ニクソンショックが歴史的な大事件であった

にもかかわらず、株式市場の立ち直りが早かった理由の1つは、ショックの性格そのものが必ずしも世界経済の悪化を引き起こすものではなかったからと考えられます。

ニクソンショックは、ドル安を引き起こした出来事です。日本や西ドイツの輸出産業にはマイナスでしょうが、米国の輸出産業にはプラスだったはずであり、全体として景気悪化要因とは言えません。実際に、米国の株価は声明直後には一度上昇しています。

円高は日本の輸出産業にとって打撃だったはずですが、その一方で、当時の大蔵省は円高を食い止めるために大規模なドル買い円売り介入を実施しました。その結果、1971年8月末の日本の外貨準備高は7月末に比べて6割近くも増加しました。その後も外貨準備は増加を続け、同年年末には7月末比でほぼ2倍となっています。

日本銀行が市中からドルを買うと、その分、対価としての円が市中に出回る、つまり流動性が供給されることになります。中央銀行による流動性の供給は株価の下支えに寄与したはずです。

当時の日本のマネーサプライの伸びを見ると、ニクソンショック後に前年比25%を超えるほど伸びを加速させています。マネーサプライの伸びが高まり始めたのはニクソンショックの半年程度前からですので、為替介入による流動性供給だけがマネーサプライ増加の理由ではなさそうですが、少なくともその一因であったことは確かなのではないでしょうか。

政策金利も引き下げられました。西ドイツは1971年10月14日に0・5ポイント、米国は11月19日と12月17日に0・25ポイントずつ、日本は12月29日に0・5ポイント、それぞれ引き下げを実施しています。米国、ドイツの株価が11月に底を打ち、日本株も同時期から上昇基調を鮮明にしていますが、その背景にはこうした各国の利下げの動きもあったと考えられます。

そもそも、景気循環の局面が底に近く、上向きに転じようとしていたタイミングだったということもあるかもしれません。米国の実質GDP成長率は、1971年1-3月期には明確に上向いており、7月には利上げを行っていたほどです。西ドイツと日本も、ニクソンショックの前からすでに相当程度景気減速が進んでおり、1970年には利下げ局面に入っていました。

◉……危機からの教訓と投資への示唆

ニクソンショックは、戦後の国際金融市場の枠組みを変える大事件でした。ただし、大事件だからといって必ずしも世界景気が悪化するとは限らないようです。

制度変更の性格上、ドルが下落したのは避けられなかったと言えます。一方で、銀行の破綻連鎖を通じて民間部門での信用創造メカニズムを破壊してしまうような事態には至りませんでした。加えて、政府による財政引き締めや、中央銀行による流動性の引き締めに追い込まれることもありませんでした。

むしろ、米国にとって流動性を引き締めてドルの価値を維持する必要がなくなり、他の国も流動性を拡大させるケースだったと言えるでしょう。パターン3でも指摘しましたが、固定相場を維持するにはコストがかかります。新興国では割高の為替レート、このケースでの米国は金保有高、などです。

通貨切り下げをきっかけに輸出が拡大し景気が回復、株価も反転というパターンをこれまで見てきましたが、その一方で、中央銀行の流動性拡大が見込まれる場合も底打ちのタイミングであるとも言えます。「コスト」からの解放は得てして、経済が持ち直すきっかけと言えます。

教訓

▼固定相場を維持するにはコストがかかる

▼通貨切り下げと中央銀行による流動性供給の拡大が株式市場反発の契機になる

2 共産圏の崩壊

◉……危機の背景

1991年にソビエト連邦が崩壊した過程と再生への道のりは、第2次世界大戦後の「冷戦」というレジームを終了させた大きな出来事です。

1985年3月11日、ソビエト連邦の第8代最高指導者としてミハエル・ゴルバチョフ氏がソビエト共産党書記長に就任しました。結果的には、最後の共産党書記長となりましたが、当時54歳という若さでの就任でした。

ゴルバチョフ氏といえば、ペレストロイカ（立て直し）、グラスノースチ（情報公開）を推進したことで広く知られていますが、ゴルバチョフ氏が書記長に就任する以前から、ソ連では経済、社会構造の改革の機運が生まれていました。第2次世界大戦後、世界は大きく西側（資本主義諸国）と東側（共産圏）とに分かれ覇を競ってきましたが、1970年代頃になると共産主義が内含するさまざまな矛盾が露呈しました。ブレジネフ政権末期の1980年前後には主に2つの要因により事態は加速度的に悪化したと言われています。

1つは、軍事的な緊張の高まりを背景とした軍事費の増大です。1981年に第40代米国大統領にロナルド・レーガン氏が就任しました。レーガン大統領は内政面では市場原理や民間の力を活かす「レーガノミクス」を実施する一方で、外交面では超タカ派的な政策を矢継ぎ早に打ち出しました。

ソ連を「悪の帝国」と非難し、1962年のキューバ危機後、断続的に行われてきたデタント（緊張緩和、軍縮交渉）は冷戦を長引かせる元凶として否定しました。新たに戦略防衛構想（通称スターウォーズ計画）を推進し、さらには欧州各国や日本と軍事的な同盟関係を強化するなど、ソ連包囲網を着々と築いていきました。ソ連も対抗策をとり、国家予算のうち実に25％が国防費へ投入され、財政、経済情勢は極端に悪化していきました。

悪いことは重なります。第2次オイルショックの直前に

1985年3月11日、ゴルバチョフ氏がソビエト共産党書記長に54歳という若さでの就任し、ペレストロイカ、グラスノースチを推進した。

年平均で1バレル＝30ドル台後半だった原油価格が、奇しくもレーガン政権発足と同時に大きく下落しました。さらに、第2次世界大戦後、一貫して増産が続いていた原油の生産量は1983年をピークに減少に転じました。現在もロシアはエネルギーが主力産業ですが、当時のソ連も世界の石油生産の20％程度を担うエネルギー大国でした。他にめぼしい輸出産業もありませんので、外貨収入のほとんどを石油に頼っていました。

1985年3月に就任したゴルバチョフ書記長は、翌年の1986年2月から3月にかけて開催された第27回ソビエト共産党大会において、2000年までを展望した「ゴルバチョフ路線」を策定し、「ペレストロイカ」と「社会経済発展の加速」とを打ち出します。

その矢先、1986年4月26日に現在のウクライナのチェルノブイリで原発事故が起きました。当初、ソ連政府は事実を公表せず、翌27日にスウェーデンで放射性物質が検出されたことから世界中が知るところとなりました。28日にソ連政府は原発事故を正式に認めましたが、国内外から批判されました。そこで、ゴルバチョフ書記長は「グラスノースチ」を打ち出し、社会主義の枠組みを維持しつつ、社会、経済の活性化を図ろうとしました。

ペレストロイカは、次第に軋み、矛盾が目立つようになりました。ペレストロイカの進展を望まない守旧派と、急進的な改革を望む勢力との間の意見対立も深刻化しました。後にロシア共和国の大統領となる当時のエリツィン・モスクワ市党委員会第1書記が1987年11月に解任されたのもペレストロイカ推進を巡る意見対立が原因と言われています。

ウクライナのチェルノブイリで原発事故が起きると、当初、ソ連政府は事実を公表せず、国内外からその隠蔽体質が批判された。

◉……危機の展開

１９８９年６月18日、ポーランドにおいて自由選挙が実施され、民主化を掲げる「連帯」が圧勝しました。共産党系の政党との連立政権が発足し、ここにポーランド人民共和国は解体されました。ポーランドに端を発して、11月９日には東西冷戦の象徴とも言える「ベルリンの壁」が崩壊しました。１年も経たないうちに、ソ連を取り囲むように位置していた、いわゆる衛星国のほとんどが民主化しました。

これほど速やかにこれらの国々が民主化に成功した要因は、ゴルバチョフ書記長がペレストロイカとともに打ち出した、「新思考外交」にあると言われています。国内経済疲弊の原因の１つとも言える西側との軍拡競争をあきらめ、逆に緊張を緩めることにより安全保障を達成しようという考え方です。

ベルリンの壁崩壊直後の1989年12月3日、マルタにおいてブッシュ米大統領とゴルバチョフ書記長が会談し、冷戦の終結が宣言された。

ベルリンの壁崩壊直後の1989年12月3日、マルタにおいて当時のジョージ・H・W・ブッシュ米大統領とゴルバチョフ書記長が会談し、冷戦の終結が宣言されました。

1991年8月19日、保守派は休暇中のゴルバチョフ氏を幽閉しクーデターを引き起こました。クーデターは同年6月に初代ロシア共和国大統領に就任したエリツィン氏の働きにより、21日午前には鎮圧されましたが、その後ゴルバチョフ氏は急速に力を失いました。1991年12月25日に、ソ連はその69年間の歴史に幕を閉じ、かわってロシア、ウクライナ、ベラルーシを中心とする独立国家共同体が発足しました。

●……危機の収束

独立国家共同体がスタートしたものの、経済は混乱を極めました。旧ソ連では、衛星諸国も含めて国ごとに産業の分業体制をとっていましたので、衛星国が離脱し、独立国家共同体を構成する国の運営の自由度が増したことから、深刻なモノ不足やインフレの高進がロシアを襲いました。この難局を乗り切るため、エリツィン大統領は、ＩＭＦへ支援の打診を行いました。

ＩＭＦから融資を取り付けるためには、厳格なインフレ抑制策、財政再建策を実施しなければなりません。これは今でも変わりません。

経済、財政プログラムの策定を任されたのが、当時、首相代行であったガイダル氏を中心とした若手経済学者でした。彼らがまとめたガイダル改革は１９９２年より実行に移され、同年6月1日にロシアはＩＭＦの正式な加盟国として迎えられることになりました。

ガイダル改革は一種のショック療法でした。１９９２年の消費者物価上昇率は実に前年比で２５００％と急騰する一方、ＧＤＰは14・５％も減少しました。この責任をとる形でガイダル氏はその年の年末に辞任を余儀なくされました。

改革そのものは継続され、国営企業の民営化、関税の撤廃も行われたことから、ロシアは資本主義諸国から見て一挙に魅力的な投資先として浮上しました。インフレ率も緩慢ではありますが１９９５年頃には落ち着きを見せ始めました。投資も促進され、市場経済の発展に不可欠な社会インフラの整備が１９９０年代中頃から加速しました。

１９９０年代後半には、そうした投資が実を結び始め、経済面で国際社会の主要プレイヤーの座を手に入れることになりました。

◉……危機からの教訓と投資への示唆

西側資本主義諸国と覇権を競ってきた共産圏の崩壊は、地政学的には大きな出来事でした。計画経済は資本主義経済とは異質な制度でしたので、投資への示唆という観点からは、資本主義諸国の経済システムへの直接的な影響を「ただちに」受けることはありませんでした。

現在、世界第2位の経済規模となった中国の成長スピードが鈍化し始めたことが懸念されています。日米欧にとって中国は貿易相手国として大きな存在です。ただ、金融システムという観点から見ますと、中国は我々のシステムとは明らかに異なります。両者の接点も極めて限定的です。

実体経済、とりわけ貿易面での影響を無視すべきではありませんが、リーマンショックで経験したような、金融システムや経済システムの機能不全が、全ての分野、全ての国と地域に波及してしまうようなリスクの震源地に中国がなる可能性は今のところそれほど大きくないと思われます。パターン3（国際金融機関の支援や通貨切り下げ）で説明したように、中国は基本的には「自由な国際資本移動」を放棄していますので、国際金融面から大規模な資金移動を招くことはないと思われます。

1980年代後半から徐々に進行していた共産圏の崩壊の過程は、1989年のベルリ

図2-17　ドイツとロシアの株価の推移

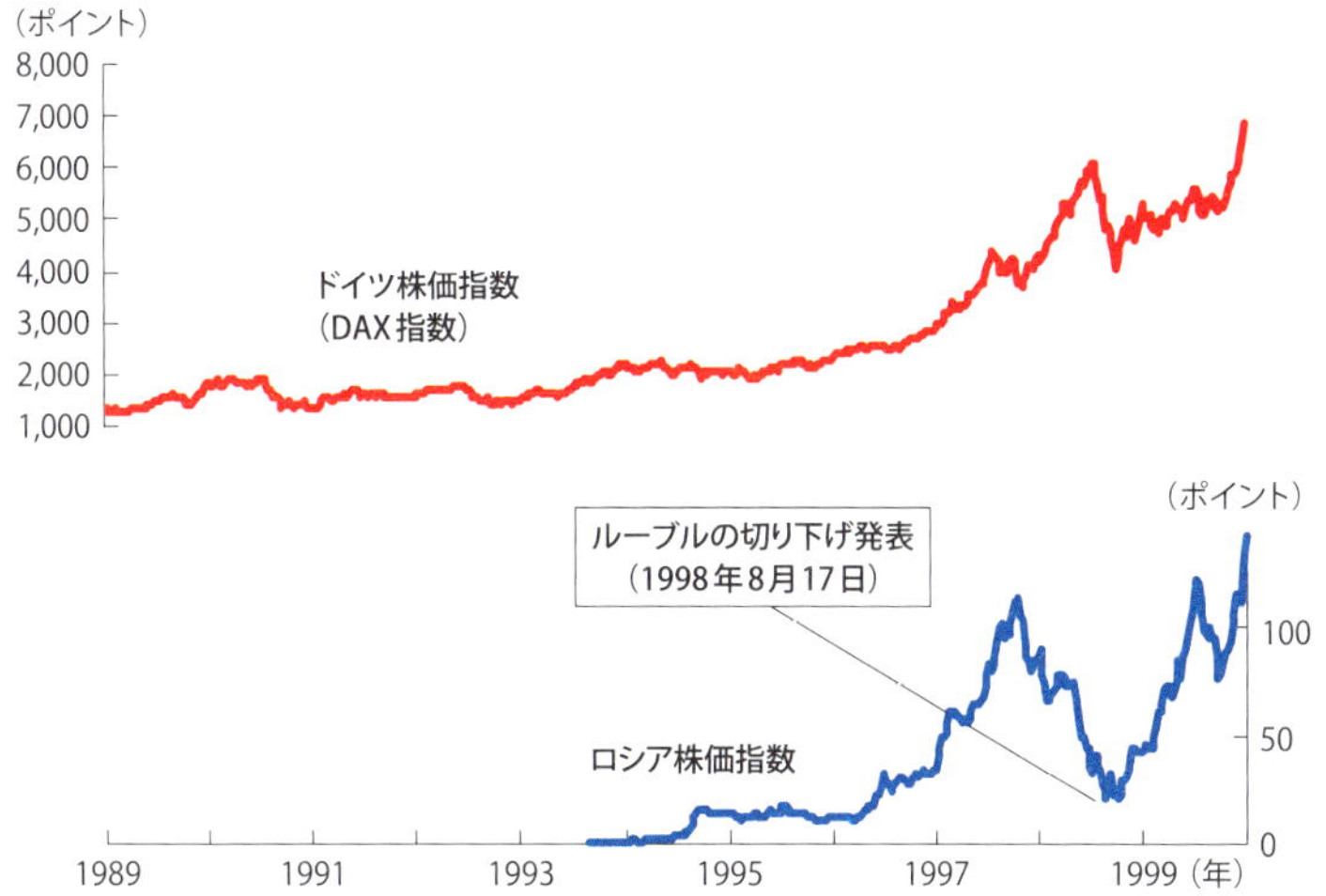

（注）データは週次で最後の値は1999年12月31日。
（出所）Thomson Reuters Datastreamより野村證券投資情報部作成。

ンの壁崩壊と1991年のソ連の解体に象徴されます。ベルリンの壁崩壊の際には、東西ドイツ統一への期待感が広がり、西ドイツの代表的な株価指数であるDAX指数は大きく上昇しています（図2-17参照）。また、ソ連崩壊の際にも旧共産圏諸国が新たな成長フロンティアとして捉えられ、地理的に最も近い有力国である西ドイツの株式に注目が集まりました。ただ、いずれの場合にも株価の上昇は長くは続きませんでした。

「ソロス対英国中銀」でも説明しましたが、旧東ドイツ経済の精査が進むにつれ、統合コストが想像以上に巨額であることが明らかになりました。ドイツはその後10年あまり、東西ドイツの融合に多大な精力を費やすことになりました。ソ連邦崩壊の際にも、継承国であるロシアが速やかにIMFへ加盟し、国営企業の民営化、関税の撤廃などの政策を打ち出したことから、資本主義諸国は有望な投資先として熱い視線を送りましたが、投資プロジェクトが実際に富を生み始めるのは1990年代末のことでした。

投資の世界では、規制緩和や法律、ルールの変更、いわゆるレジーム・チェンジを大きな投資のチャンスととらえます。これまで不可能だった分野、領域への投資が可能になるチャンスがあるからです。共産圏の崩壊はとてつもない規模の投資のチャンスと投資家の目に映ったであろうことは想像に難くありません。ただし、振り返ってみれば、第2次世界大戦以降、我々とは全く異なる政治、経済システムの下で歩んできた国々を西側陣営に引き寄せるには10年近い年月が必要でした。

中東欧と呼ばれるポーランド、ハンガリー、チェコ、スロバキア、ハンガリーなどの国はEUの拡大路線に乗り、2004年にEUへ加盟したことは「欧州財政危機」で説明しましたが、旧共産圏の国々は経済面ではドイツの衛星国とも言われるほど、ドイツ経済との関係が深まっています。ドイツ企業の投資が拡大し、分業体制が構築されています。

旧共産圏諸国の解放が、かつてはコストが硬直的であり、欧州の病人と呼ばれたドイツ経済の再生に大きく貢献したことを考えれば、このレジーム・チェンジは中長期の視点に立てば、格好の投資チャンスだったと言えるでしょう。欧州経済はギリシャ問題など構造的テーマを抱えながら、景気拡大のペースは緩慢ですが、2015年4月、ドイツのDA

X指数は史上最高値を更新しています。

ソ連の崩壊の要因については、歴史という時間軸で見れば崩壊から日が浅いこともあり、評価は定まっていません。国の根幹をなす政治・統治システムと、経済システムを同時に大きく変更したために混乱が増幅された面もあるでしょう。

異なる政治、統治システムを持つ超大国として中国がまず挙げられますが、政治・統治システムは社会主義を維持し、経済システムは共産主義から資本主義的なものへと変化させています。当時の最高指導者であった鄧小平氏が改革開放路線を掲げたのは1978年、南巡講話を行ったのは1992年ですので、40年弱の年月が過ぎています。

旧ソ連と中国が実行したレジーム・チェンジにおいては、①政治、統治システムと経済システムを同時に変更することを避け、②経済面でも漸進的な改革を行っている中国に軍配が上がったと言えるかもしれません。

教訓

▼長い時間軸で見れば、大きなレジーム・チェンジは投資の好機である

パターン④ レジーム・チェンジ

3 オイルショック

◉……危機の背景

1973年と1978年の二度のオイルショックは、世界の多くの国に高インフレと景気低迷が同時に起こる「スタグフレーション」をもたらし、家計や企業のみならず、政策担当者を大いに悩ませました。

原油価格高騰のきっかけは、中東情勢の混乱に乗じたアラブ産油国による値上げでしたが、長期にわたる価格つり上げを可能にした背景には、中長期にわたる世界的な原油需給バランスの逼迫がありました。そして、1980年代に入り、需給の逼迫が緩和されると、原油価格は急落して低価格期に移行しました。オイルショックは、商品市況の長期にわたる変動を分析するうえで、多くの示唆を与えてくれる事例と言えます。

主要先進国におけるインフレやドルの切り下げ、国際的な需給関係の変化などを背景として、石油価格は1971年から上昇し始めました。1973年10月6日に第4次中東戦争が勃発すると、OPEC（石油輸出国機構）加盟国のうちペルシャ湾岸6カ国は、開戦10

日後の10月16日に石油公示価格（代表的品種のアラビアン・ライト）を1バレル＝3・01ドルから5・12ドルへ70％引き上げることを発表しました。

翌17日には、OAPEC（アラブ石油輸出国機構）が緊急会議を開き、イスラエルが占領地から撤退するまで、米国、イスラエルを支持する国への原油の供給を抑制するため、9月の生産量を基準として10月以降、毎月5％ずつ生産を削減することを決定しました。OAPEC諸国の石油生産量は1972年末時点で全世界の32％を占め、輸出量は全世界の55％を占めていたため、この決定は石油輸入国に衝撃を与えました。さらに、OAPECはイスラエルを支援する米国、オランダへの石油輸出の全面停止や、OAPEC諸国の石油生産量の削減を決定しました。

11月11日に中東戦争の停戦協定が結ばれると、アラブ産油国は生産制限や禁輸によって供給「量」を操作する戦略から、石油資源の温存などを目的として「価格」を重視する戦略へ転換しました。石油公示価格は、12月23日にそれまでの1バレル＝5・12ドルから11・65ドルへ2倍に以上に引き上げられました。

◉……危機の展開

停戦協定により、第1次オイルショックは峠を越しましたが、10月半ばから12月下旬までのわずか2カ月余りの間に石油公示価格が3・9倍に値上げされたことは、石油輸入国

石油価格が値上げされると、モノがなくなるかもしれないという不安から、多くの人々がトイレットペーパーを買いに走った。

をパニックに陥れました。

各国が在庫の積み増しに走った結果、価格はさらに吊り上がり、石油輸入代金の支払いの増加は、石油輸入国から産油国に対する巨額の所得移転を引き起こしました。石油輸入国は国内需要が減少し、多くの国で景気後退に陥りました。

1974年と1975年の実質GDP成長率は、米国はマイナス0・5%、マイナス0・2%、英国はマイナス1・6%、マイナス0・6%と2年連続でマイナス成長となりました。日本は1972〜73年の8%台の成長から1974年は一転して1・2%のマイナス成長となり、西ドイツは1973年の4・8%から1974年は0・9%、1975年はマイナス0・9%と減速していきました。新興国も1974年から1977年にかけて成長ペースが鈍化しました。インフレ率も跳ね上がり、1974年の消費者物価上昇率は米国で11・0％、日本で23・2％、英国で15・9％、フランスで13・6％となり、新興国では20％を超える国が見られました。

オイルショックによって先進諸国を中心に世界の多くの国が不況下のインフレ上昇、すなわちスタグフレーションに陥りました。景気浮揚のために財政拡大、金融緩和を行えばインフレが高まり、インフレ抑制のために財政、金融政策を引き締めれば景気が悪化してしまうため、各国の政策当局はジレンマに陥りました。オイルショック直前の1973年9月から1974年10–12月の間の、主要国の代表的な株価指数を見ますと、ドイツは16％、日本は27％、米国は32％、英国は62％、とそれぞれ大幅に下落しました。

日本の株価は1974年10月に底打ちとなりました。このとき、原油価格は1バレル＝11ドル半ばで据え置かれ、かつ日本政府は1975年の2月から9月にかけて4回にわたる景気対策を打ち、日銀も物価のピークアウトを見計らいながら4月以降、4回にわたって政策金利である公定歩合を2・5ポイント引き下げました。事後的には、1975年3月が景気の底と認定され、以後、景気回復へ向かいました。株価は先行的に底打ちしたわけです（図2–18参照）。

第2次オイルショックは1978年のイラン革命が発端となりました。イランでは、西欧型近代化政策を推し進めようとしたパーレビ国王の独裁政治に対して、民衆が反発を強め、1978年12月にテヘランで市街戦が発生しました。1979年1月には国王が亡命、

図2-18　オイルショック時の原油価格と日米独の金融指標の推移

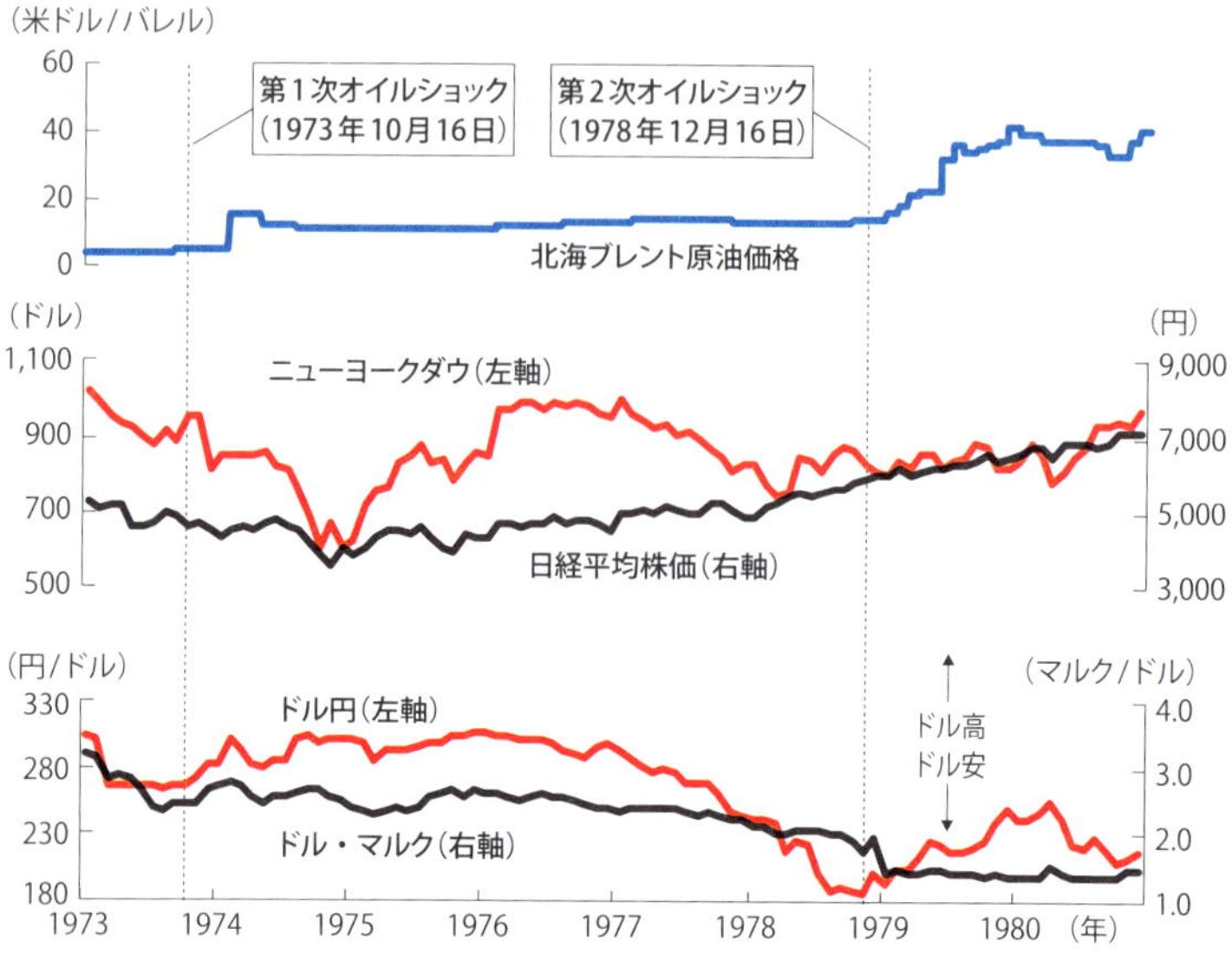

(注) データは北海ブレント原油価格が日次で、その他は月次。最後の値は1980年12月、あるいは12月31日。
(出所) Thomson Reuters Datastreamより野村證券投資情報部作成。

2月にホメイニ師が亡命先のパリから帰国し、イスラム共和国を建国しました。この革命により、世界の石油生産量の10%、輸出量の14%、OPECの石油生産量の17%を占めるイランの石油が1978年12月26日から1979年3月5日まで輸出停止になりました。

イラン革命の混乱によって石油需給が逼迫すると、これに乗じてOPECが1978年12月16日に、1979年中に石油価格を段階的に年平均で10%引き上げることを決定しました。

第2次オイルショックは、世界が第1次オイルショックから受けた痛手から回復しない間に発生し、石油価格の急騰は世界的にインフレを一段と加速させました。1980年の消費者物価

パーレビ国王が亡命し、ホメイニ師が亡命先のパリから帰国し、イスラム共和国を建国すると、イランの石油が輸出停止になった。

指数の上昇率は、米国で13・5%、日本で7・8%、英国で18・0%、西ドイツで5・4%となり、米国のインフレ率は、第1次オイルショック時のピークである1974年を上回りました。日本は労使協調の下で賃金抑制に成功したことや、省エネ策を進めたことにより、物価上昇率を他の先進諸国と比較して低水準に留めることに成功しました。

この時期の実質GDP成長率を見ますと、主要先進国は1979年から翌年にかけて低下しました。英国は1980年にマイナス2・1%、1981年にマイナス1・3%と2年連続のマイナス成長、米国も1980年にマイナス0・2%と小幅ながらもマイナス成長となりました。一方、日本は1979年の5・5%から1980年は2・8%へ減速したものの、物価抑制が奏功して、1981年には4・2%へと回復し

石油需給が逼迫すると、OPECが石油価格を段階的に10%引き上げることを決定し、世界的にインフレを一段と加速させた。

ました。西ドイツは日本と同様、高インフレは回避できましたが、1979年に始まった金融引き締めや輸出減少の影響を受けて1980年から1982年にかけて成長率が減速しました。

第2次オイルショック時の金融市場の反応は、総じて第1次オイルショックよりも変化率は小規模に留まり、かつ、国によって差が生じました。西ドイツのDAX指数は1978年11月からの1年間で14%下落しましたが、米国のニューヨークダウは1%の小幅下落に留まり、日本と英国の株価指数は共に9%上昇しました。

新興国は2回の石油価格高騰により、対外的には石油輸入代金の支払い問題、対内的には高インフレを経験しました。1980年代前半に世界的に高金利が続いて新興国の対外借り入れの金利負担が高まった結果、元利払いのリスケを求める国が増加しました。この経緯は「中南米累積債務問題」で説明したとおりです。

◉……危機の収束

約10年にもわたって続いたオイルショックは、石油需要の抑制によって需給バランスが改善し始めると、収束に向かい始めました。石油価格の高騰は、所得移転や経済の混乱を引き起こし、輸入国の景気を減速させ、さらに、インフレ抑制のために各国の中央銀行が積極的に金融引き締めを行ったことも、景気の悪化と石油需要の減少を推し進めました。

例えば、米国のFRB（連邦準備制度理事会）は、第1次オイルショックの際には、インフレ抑制のために公定歩合を1973年末の7・5％から1974年4月には8・0％へ引き上げ、第2次オイルショックの際には、1978年末に9・5％であった公定歩合は、ボルカーFRB議長によって、1980年2月には13・0％へ引き上げられました。

石油輸入国の景気減速は石油の需要を抑制しました。OECD（経済協力開発機構）諸国の石油消費量は、第1次オイルショック時には1973年の4132万バレル／日をピークに、1975年には3858万バレル／日へ6・6％減少しました。また、第2次オイルショック時には1979年の4404万バレル／日から1983年の3667万バレル／日へ16・7％減少しました。石油需要の減少は石油価格を抑制する効果をもたらしました。

二度のオイルショックを経て、石油輸入国が備蓄の増加、省エネ、代替エネルギー資源の開発に取り組んだことも、1970年代から1980年代にかけて石油の需給構造を大きく変えました。欧州諸国や日本は備蓄の増加を進めましたが、1973年から1978年の間に、在庫日数に換算して日本は22日分、西ドイツは27日分の備蓄を積み増しました。この結果、一時的な供給不足に対する経済の耐性が高まりました。

先進工業国が省エネ対策を講じたことも石油需要の抑制に寄与しました。例えば、米国では1975年のエネルギー政策法によって自動車の燃費規制が実施されました。規制の水準に達しない生産者に罰金を科したため、米国市場へ自動車を輸出する国にも省エネを強制し、自動車の省エネが世界的に促進されました。

省エネの効果について、IEA（国際エネルギー機関）はIEA加盟国のGDP1000ドル当たりの石油消費量が1973年の0・47トンから、1983年には0・32トンへ減少したと推計しています。代替エネルギー資源として、原子力発電の導入や石炭、天然ガスの利用が増加したことも石油需要の減少につながりました。英国での北海油田の開発や、メキシコなどの新興国におけるエネルギー開発の進展も影響を与えました。非OPECの石油生産量は1973年の2853万バレル／日から1980年には3693万バレル／日へ増加しました。

石油輸入国が推進した備蓄、省エネ、油田・代替エネルギー開発の効果が大きかったことは、1980年に生じたイラン・イラク戦争時に現れました。1980年9月にイラン・

イラク戦争が勃発すると、両国で失われた石油供給力は合計で400万バレル／日に達しました。この喪失量は1973年のOAPECの禁輸や1978年のイラン革命に匹敵するにもかかわらず、石油価格の上昇は短期間で収まりました。

構造的な需要の抑制と供給の増加を受けて、石油価格は1982年以降下落基調を辿りました。OPECは高価格維持のために減産に踏み切り、OPECの石油生産量は1979年の3001万バレル／日から1985年には1587万バレル／日へ減少しましたが、減産はOPEC諸国に財政収入の減少という問題をもたらしました。サウジ・アラビアが耐え切れずに増産を始めると、価格維持は困難となり石油価格は1986年前半に急落しました。「逆オイルショック」です。

◉……危機からの教訓と投資への示唆

1970年代のオイルショックは中東戦争やイラン革命の混乱に乗じて、OPEC諸国が石油の価格・供給量を戦略的に操作したことが直接的な引き金となりました。しかし、OPECによる操作を可能とした背景には世界的な石油の需給逼迫があったと考えられます。需給バランスの改善には、省エネ対策や新たな油田・代替エネルギーの開発が必要となります。これらの対策は長い時間を要することから、石油価格の高騰が最終的に解決されるまでには10年余を要しました。

近年では1999年から2008年にかけて原油価格の長期上昇局面が見られ、2008年には北海ブレント原油価格は1バレル＝140ドルへ上昇しました。その後、2008年の世界金融危機時に急落し1バレル＝40ドル台に下落しましたが、2011年以降は1バレル＝100～120ドルで推移しました。2014年に入ると夏場から下落が始まりました。中国経済の減速などにより需要が減少する一方で、米国のシェール・オイルの生産が本格化したため、供給超過の状態になりました。11月のOPEC総会で減産見送りが決定されたことも、原油価格の下落に拍車をかけました。2015年8月には1バレル＝40ドル台を割り込みました。

イランの核開発問題やウクライナを巡るロシアと米欧の対立など、石油や天然ガスの供給に大きな影響を与えうる地政学的リスクも引き続き存在します。需給バランスを大きく変え得るリスクには今後も注意が必要です。

教訓

▼資源価格の長期トレンドの背景には需給のバランスがある

パターン❺ ベイルイン（債権の元本削減、普通株への転換）

このパターンでは、金融危機においてベイルインによる救済が株価反転の契機となった事例について取り上げます。ベイルインとは、企業経営が危機に陥った際に、株主、貸出債権を有する銀行などの債権者による救済を指します。①ＬＴＣＭショック、②米国のＳ＆Ｌ危機が主な事例です。

パターン❺ ベイルイン

1 ＬＴＣＭショック

◉……危機の背景

ＬＴＣＭ（Long Term Capital Management）は１９９４年２月24日に運用を開始したヘッジファンドです。このファンドの源流は、当時の米系投資銀行ソロモン・ブラザーズの債券

1994年2月24日、米系投資銀行ソロモン・ブラザーズのジョン・メリウェザー氏が、ヘッジファンドLTCMを立ち上げ運用を開始した。

トレーディング部門で、後のＬＴＣＭにおける中心人物となるジョン・メリウェザー氏が１９７７年に立ち上げた裁定取引部門です。裁定取引とは、価格に一時的に歪みが生じた際に、割高なものを売って割安なものを買い、歪みが解消した時点でそれぞれ反対の売買を行うことで利益をあげる手法です。

ＬＴＣＭ誕生には１９８０~90年代にヘッジファンドが興隆し、認知度が高まった時代背景がありました。「ソロス対英国中銀」で説明したジョージ・ソロス氏のクォンタム・ファンドがその代表例です。ＬＴＣＭの投資手法は、複数の資産の過去の値動きを検証し、価格差の収斂を狙うものでした。それを統計的見地から定量化して、投資のリスクを管理するという手法です。かつ、高いレバレッジをかけて、薄い利ざやを何倍にも膨らませて収益の拡大を狙うというものでした。レバレッジの仕組みについては「米国のサブプライム

LTCMは、錚々たる人物が名を連ねた。写真はノーベル経済学賞受賞者であるロバート・C・マートン氏。

問題・リーマンショック」で説明したとおりです。

注目されたのは著名人をLTCMのメンバーに迎えたことです。現在では金融市場で一般的に取引されている「オプション」の数学的理論を構築し、市場拡大の立役者となった、後のノーベル経済学賞受賞者であるロバート・C・マートン氏とマイロン・S・ショールズ氏、元FRB副議長のデビッド・W・マリンズ氏など、錚々たる人物が名を連ねました。こうしたスター人材への信用が、金融機関から異例の低コストによる資金調達を可能にし、LTCMはそれを元手に高いレバレッジをかけた運用を行い、収益を増大させていきました。

米国会計検査院の報告書によりますと、当時、ヘッジファンドの約7割がレバレッジを利用していたようですが、レバレッジ比率はほとんど

スター人材への信用が金融機関から異例の低コストによる資金調達を可能にした。写真はマイロン・S・ショールズ氏。

が2倍以下という状況のなかで、ＬＴＣＭのレバレッジは約28倍と異例の高さでした。ＬＴＣＭは運用開始後、相場環境が良かったこともあって高収益を上げ、その実績によって金融機関からの信頼をさらに勝ち取り、低コストと高レバレッジによる運用を拡大させていきました。ＬＴＣＭの収益の推移を見ると、手数料徴収後で１９９５年と１９９６年が約40％、アジア通貨危機のあった１９９７年でさえも17％のリターンという驚異的な運用成績でした。

投資家にとってこのような収益を生み出す運用先は魅力的です。ＬＴＣＭは金融機関からの借り入れを容易に獲得できる状況でした。投資巧者であるＬＴＣＭとの取引を望む金融機関が多かったためです。

一方、このような取引形態は同業他社から模倣されることになります。市場参加者の多くが収益機会を捉えるために同様のリスクを取るなかで、さまざまな資産の価格差が縮小する結果、収益の機会は減ることになります。収益を獲得するためには、その分より大きなリスクをとる必要に迫られるという状況になりました。

運用環境の転機とも言えるタイの通貨危機が1997年7月に発生しました。この問題が他の新興国へ飛び火するのではとの市場の懸念が強まりましたが、前述のとおり、LTCMは1997年も高収益を生み出し、アジア通貨危機を上手く乗り切りました。

市場環境が転機を迎えるなか、1997年10月14日、ロバート・C・マートン氏とマイロン・S・ショールズ氏がオプションの価格理論であるブラック・ショールズの公式の功績が讃えられ、ノーベル経済学賞を受賞しました。なお、理論構築に貢献し、公式の名称にもなったフィッシャー・ブラック氏はすでに亡くなっていました。

1997年末、LTCMは投資機会の減少と資本が巨大になりすぎたことから、資本の約3分の1に相当する27億ドルを投資家に返還し、純資産46億7000万ドルで1998年の運用を開始しました。アジア通貨危機を受けて世界の金融市場がリスク資産への投資に後ろ向きとなるなかで、リスクを一手に引き受けるかのような運用を行いました。それまでの成功体験から、リスク発生による市場の歪みはいずれ元の状態に戻るという考えが投資の根底にありました。LTCMはリスクを取るポジションを積み上げ、金融業界のなかで「ボラティリティ（変動性）の中央銀行」と呼ばれるようになりました。

◉……危機の展開

1998年の市場環境は時間の経過とともに悪化しました。7月6日にソロモン・ブラザーズの裁定部門が閉鎖されました。同社はLTCMに類似した裁定取引を行っていたと考えられていました。当時のLTCMの幹部は、「ソロモン・ブラザーズによるポジション解消の売りに伴う価格変動が、この時期のLTCMの運用成績が悪化した主な要因であり、その後市場は回復する」との楽観論に立っていたようです。そのなかでLTCMは巨大なポジションとともに孤立し、ポジションを解消しようとしても取引相手が見つからず、足もとを見られて不利な取引を迫られる状態になっていきました。まさに「池のなかの鯨」でした。

その後、8月17日にロシアが民間の対外債務のモラトリアム（支払猶予）や国債の事実上のデフォルト（債務不履行）を宣言し、通貨の切り下げを実施しました。この経緯については「ロシア危機」で説明しました。世界中の市場でリスク回避的な流れが発生しました。週末の8月21日にLTCMは1日で5億5000万ドル（約800億円）の損失を計上しました。8月24日にLTCMはこの危機を乗り切るための資本調達を試みますが、前年末に投資家へ資本を返還していたため、上手くいきませんでした。

9月2日にLTCMから投資家に送られた定例の運用報告書では、1998年は8月までの累計で52％の損失、しかも8月単月で44％もの資本が吹き飛んだことが明らかとなりました。報道によれば、8月の損失の82％が日米欧の国債市場での裁定取引の失敗によるもので、残りはロシアなど新興国の債券の売買による損失であったとのことです。LTCMのこれまでの投資行動から推察して、LTCMは危険な状況にあるとの認識が市場に広まっていきました。

◉……危機の収束

市場がLTCMの話題で一色となるなか、LTCMはFRBへ状況打開のための接触を始めました。FRBも金融市場の問題を静観しているわけにはいきませんでしたが、中央銀行としての中立性の問題や、LTCMはFRBの監督下にないことから積極的な救済は敬遠されました。そこで、ニューヨーク連銀が音頭を取る形で、主要な14の金融機関で構成される共同体を設立し、LTCMの主要な貸し手が株式総数の90％に相当する株式と交換する形で、9月28日に総額36億ドルの資本注入を決定しました。

8月31日の破綻直前時点で、LTCMのオフバランスシート（簿外）におけるデリバティブ取引の想定元本が1兆4000億ドル（約195兆円）、75を超える取引相手に対して2万件以上の約定を締結していたようです。当時、デリバティブ市場は急速に拡大しており、金融機関の間での取引が累増しました。そのため、LTCMのデリバティブ取引が契約不履行になると、取引相手の金融機関が連鎖破綻し、金融システムが崩壊するのではとの懸

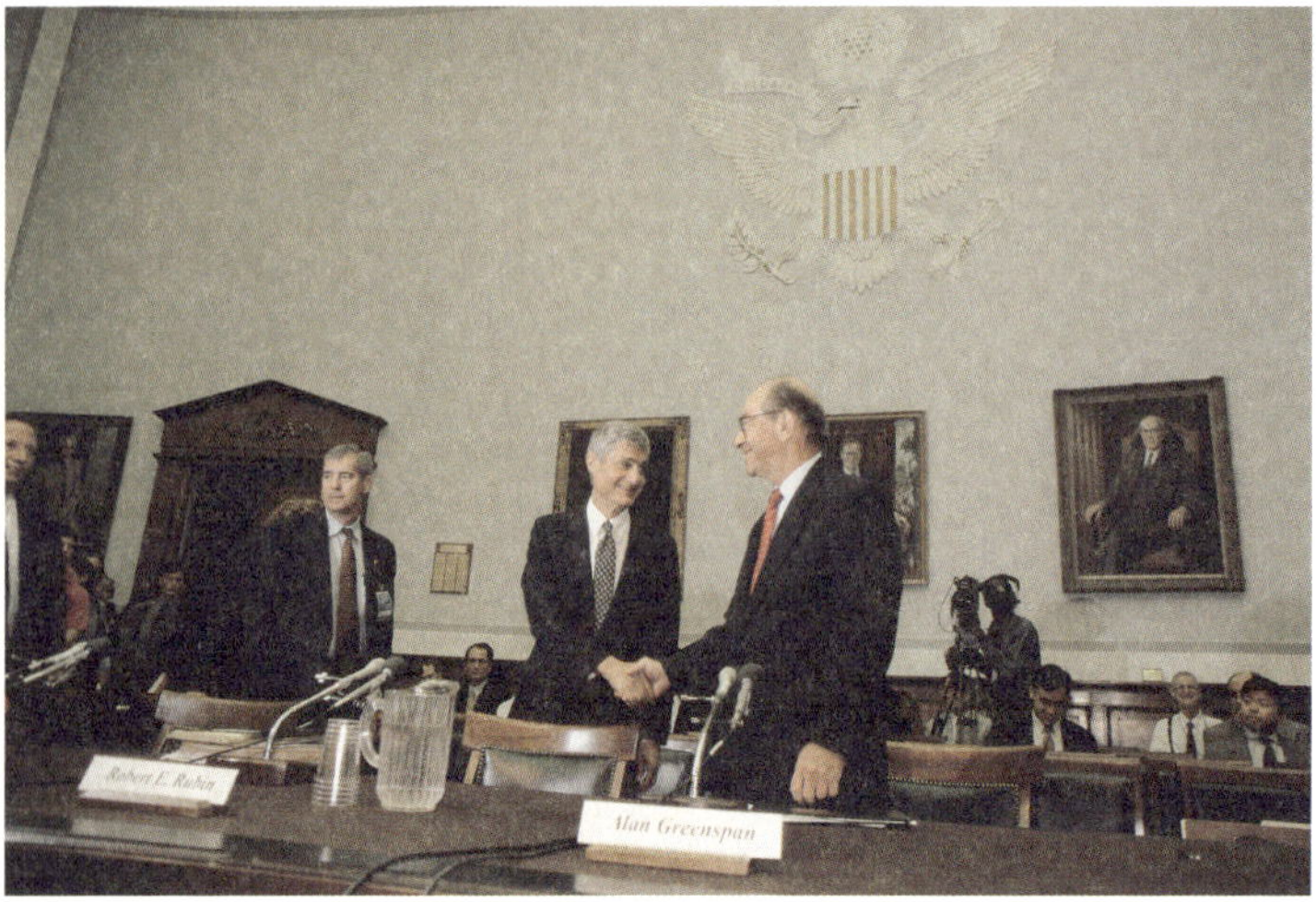

金融システムが崩壊するのではとの懸念が高まり、LTCMという1運用機関へ多額の救済措置が行われた。

念が高まりました。こうしたリスクもあり、ＬＴＣＭという１運用機関へ多額の救済措置が行われたと言えます。

共同体による救済だけではＬＴＣＭショックによる市場の悲観論は払拭されませんでした。ＦＲＢは共同体による救済決定の翌日9月29日と、10月15日、11月17日の３回にわたり利下げを実施しましたが、流動性が供給されることによって金融市場の動揺は後退し、ＬＴＣＭ破綻による金融危機はピークアウトしました。

当時、米国の実体経済は堅調で、１９９８年7－9月期の実質ＧＤＰ成長率は前期比年率５・３％でした。一番の懸念は金融市場における流動性、つまり、金融取引の決済が滞りなく行われるか、金融機関が資金調達に支障をきたすかどうかにあったため、ＦＲＢが市場の流動性が回復するまで金融緩和を実施するという姿勢が、

図2-19　LTCMショック時の米国の金融指標の推移

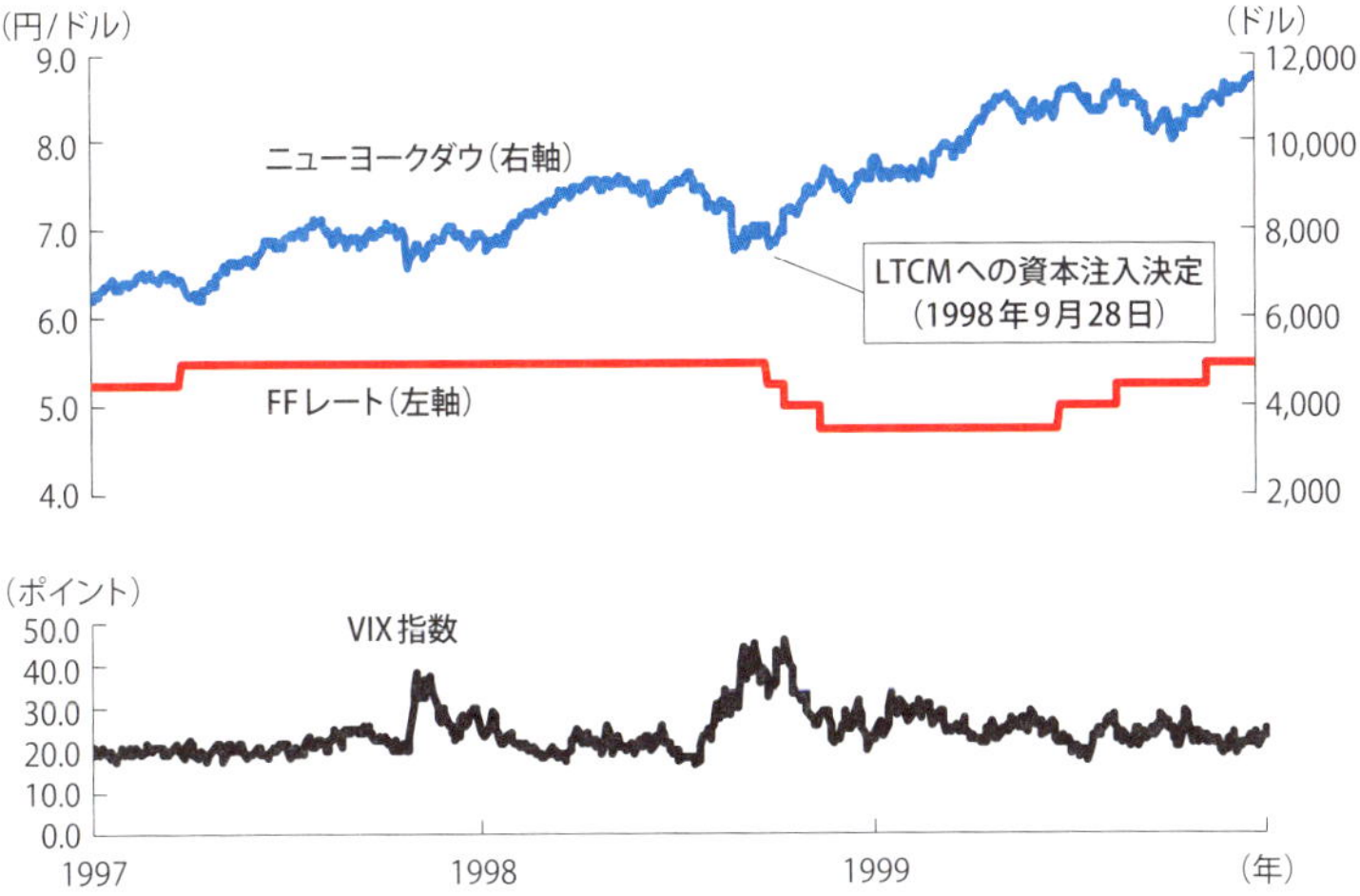

(注) データは日次で最後の値は1999年12月31日。
(出所) ブルームバーグより野村證券投資情報部作成。

LTCMショックからの回復に寄与したと言えます。

1998年のニューヨークダウの動きを追いますと、実体経済が堅調なこともあり、年初から上昇基調を続け、ピークは7月17日の9337ドルでした。その後、下落基調に転じますが、8月7日のロシア危機を受けて下落が加速し、10月2日の7784ドルで底を打ちました（図2-19参照）。この間、9月28日にLTCMへ総額36億ドルの資本注入が決定され、翌29日にFRBは利下げを決定します。この資本注入と利下げが相場反転の契機と言えるでしょう。

◉……危機からの教訓と投資への示唆

LTCMショックによる市場の動揺は、その後のITバブルに向かう米国景気の拡大によって短期間の調整で終わりました。デリバティブを駆使して巨大なリスクを取ることの負の影響は、サブプライム問題に始まりリーマンショックで極点を迎える金融危機の教訓とはなりませんでした。現在、繰り返された危機を教訓に先進国の金融当局は規制の強化を図っていますが、市場参加者は時間とともに過去の失敗を忘れがちになり、リスク資産への投資が過剰になる傾向があることは記憶しておくべきでしょう。

ＬＴＣＭがリスク資産を膨張させた背景には、統計的にリスクを数値化し、秀逸なリスク管理を行っていたという彼らの自負がありました。過去のデータに依存したモデルを運用し続ける限り、市場が安定した期間は長く続くほど、統計的にも安定した期間のデータが累積され、リスク量を過小評価する傾向があります。また、借り入れを拡大させて、自己資本の比率が過少になるような大きなレバレッジをかけた投資はリスク発生時に資本を失いやすく、借入先などへ連鎖的な悪影響を及ぼすという点も重要です。前述した「ゴムが伸びきった」状態です。

加えて、これまで見てきた危機の事例では、市場の崩壊を防ぐためには公的資金による救済が有効であったわけですが、一方で、過剰な期待に対するモラルハザードを防ぐため、金融機関の破綻処理に関しては、外部からの救済である「ベイルアウト」の前に、まず直接的な関係者である、株主や債権者が救済に関与する「ベイルイン」制度の整備が進められています。損失はまず、株主や債権者が負担し、市場の監視に働きかけるというものです。

ＬＴＣＭ救済の際、ＦＲＢが1運用機関へ公的資金を注入することは、政治的に強い批判を受けることが予想されました。そのため、ＦＲＢは「場」を提供しただけで、1セントの税金もＬＴＣＭ救済のために使っていないことをさまざまな場面で強調します。このような風潮はリーマンショックにも引き継がれ、ベアー・スターンズ救済への強い批判から、リーマンブラザーズの経営危機に対しては、最終的に破綻させるという判断に至ることになりました。

教訓

▼ベイルイン、金融緩和が相場反転の契機になる

パターン⑤ ベイルイン

2 S&L危機

◉……危機の背景

第2次オイルショック後、米国は景気が停滞しているにもかかわらず、インフレが上昇するスタグフレーションに陥ったことは前に説明したとおりです。1979年8月、当時のボルカー議長の下、FRBはインフレ抑制のため、強力な金融引き締めを開始し、当時10%であった政策金利を1981年5月には19%へ引き上げました。

当時、1929年の世界恐慌後に制定された「レギュレーションQ」という規制により、米国の金融機関の預金金利には上限が設定されていましたので、S&L（貯蓄金融機関）が提供する預金金利の上限を市中金利が超えるという状況になりました。S&Lは、個人の住宅ローンの提供を専門とする地域の金融機関です。その結果、金利規制を受けるS&Lから金利規制を受けないCP（コマーシャルペーパー）やMMFなどの商品へ資金が流出する「ディスインターメディエーション」が進行しました。ディスインターメディエーションとは「仲介を省略」するとの意味です。

ボルカー議長の下、FRBがインフレ抑制のために金融引き締めを開始すると、S&Lの預金金利を市中金利が超える状況になった。

S&Lの資金調達としての預金は短期の変動金利ですが、住宅ローンは長期の固定金利が主流であるため、住宅ローンの金利以上に短期金利が上昇することで、いわゆる「逆ザヤ」の状態となりました。この現象は1969年以降4度にわたって生じましたが、特に1978年以降は逆ザヤの幅が大きく、期間も長期に及んだため、S&Lは深刻な経営危機に陥りました。

金融機関の預金吸収力を高めるため、1970年から段階的に預金金利規制の緩和が行われ、10万ドル以上の大口預金については1973年に自由化が完了しました。10万ドル未満の小口定期預金については、1980年に制定されたDIDMCA（1980年預金金融機関規制解消・通貨管理法）により、規制の段階的撤廃が立法化され、預金金利の自由化が完成しました。預金保険限度額も4万ドルから10万ドルに引き上げられました。経営危機による取り付けを防止するうえでは効果がありましたが、財務内容に対する預金者のチェック機能が低下し、経営者のモラル低下につながりました。

S&Lの業務範囲についても自由化が進みました。まず、DIDMCAでは総資産の20%までの範囲において元々商業銀行の業務領域であった商業用モーゲージローン（不動産ローン）や消費者ローンおよび社債への投資を認められました。続く1982年に制定されたガーン・セントジャーメイン預金金融機関法では、総資産の40%までの範囲において商業用モーゲージローン、30%までの範囲で消費者ローンおよび社債、10%までの範囲で商工業向け貸し付け、10%の範囲内で商工業リース向けの投資が認められました。こうしてS&Lは強力な資金調達手段と新規業務への参入機会を得ることになりました。

S&L危機の兆候が現れ始めた1981年、S&Lの規制、監督の当局であるFHLBB（連邦住宅貸付銀行理事会）は当時の法令を弾力的に解釈し、数多くの債務超過に陥ったS&Lを閉鎖しませんでした。また、金融機関の安全性の指標となる自己資本比率の規制を1981年に5%から4%へ、1982年には3%へと引き下げました。

最終的には1987年にこの規制は撤廃されることとなりました。この延命政策は経営危機に直面したS&Lに業務を継続させ、より大きなリスクを抱える機会を与えてしまいました。多くのS&Lは市場金利よりも高い金利で預金を集め、よりハイリスクな投資を行うことで経営危機を脱却しようと試みました。

◉……危機の展開

このような状況では、銀行監督そのものの厳格化や、資産に対する監視の強化が図られるべきでしたが、それを担うFHLBS（連邦住宅貸付銀行）は検査官が不足していました。監督なき規制緩和は、ハイリスク・ハイリターンへ走るS&Lの債務のさらなる膨張という悪循環を招きました。経営危機に陥った代表的なS&Lとしてアメリカン S&Lが挙げられます。同S&Lの預金量は250億ドルに達し、商業銀行の12位に相当する規模でしたが、1984年7月にSEC（証券取引員会）が粉飾決算を指摘したのを契機に預金が流出し、信用不安が拡大しました。1984年8月、FHLBBによる救済策によりいったんは同S&Lの取り付け騒ぎは収束しました。これが第1次S&L危機です。

第2次オイルショックの後、1980年代前半にテキサス州など南西部の原油産出州で石油開発ブームが起きました。S&Lはノウハウが不十分なまま、ハイリスク・ハイリターンな分野のジャンク債（格付けが低く、債務不履行リスクの高い債券）、および商業用不動産関連融資の拡大を行い、結果として本来の専門業務である住宅ローンの総資産に占める比率は1981年の78%から1986年の56%へ低下しました。1985〜86年の原油価格の下落、いわゆる逆オイルショックの影響が深刻化し、南西部の州の経済は低迷し、不動産市場の不況へつながりました。この結果、S&Lの融資が不良債権化し、テキサス州を中心に多くのS&Lが経営破綻に追い込まれました。これが第2次S&L危機です。

第2次S&L危機を受けて、預金保険機関であるFSLIC（連邦貯蓄貸付機関保険公社）の資金は枯渇し、同機関は1986年末には破産宣告を受けました。1988年、大量の破綻処理に直面したFSLICは、750億ドルの債務超過に陥り破綻、機能停止となりました。1988年にはS&Lと同様に商業銀行も経営危機に瀕し、世界大恐慌以来となる280件もの銀行が破綻しました。

◉……危機の収束

S&Lの経営危機に対応するため、1989年1月に就任したブッシュ大統領は、8月にFIRREA（1989年金融機関改革及び規制実施法）を制定しました。この法律はこれまでのFHLBB体制の下での「失敗」に対応したもので、以下のような内容でした。

- 破綻状態であったFSLICを廃止し、商業銀行の預金保険制度であるFDICの管轄組織であるSAIF（貯蓄機関保険機構）へ貯蓄金融機関の預金保険制度を引き継ぐ。
- S&Lに対する監督機能を十分に発揮しなかったFHLBBを廃止し、貯蓄金融機関の監督機関として、財務省にOTS（貯蓄金融機関監督局）を設置し、中央銀行的機関としてFHFB（連邦住宅金融理事会）を新たに設置。
- 破綻したS&Lの資産を管理、処分するため、政府の暫定的機関としてRTC（整理信託公社）を設置。

・1987年に撤廃された自己資本比率規制を改めて導入し、4・5%とすることでS&Lの経営安全性の向上を目指す。

S&L危機の収束にもっとも大きな役割を果たしたのは、破綻したS&Lの資産の管理、処分を担ったRTCです。S&Lを次々と閉鎖し、他の金融機関との合併を促しました。

RTCは資金として、財務省からの出資、REFCORP（整理資金調達公社）やFRBからの借り入れに依存していました。RTCは最終的に全S&Lの25%に相当する747機関、総資産4024億ドルの閉鎖処理を断行しました。公的資金の最終的な国民負担は1360億ドルで1995年の名目GDPの1・7%に達しました。このように大きな痛みを伴う破綻処理により、S&L危機は収束したのです。

当時の米国の株価を追ってみましょう（図2-20参照）。米国経済は1982年11月の景気

S&Lの経営危機に対応するため、ブッシュ大統領はFIRREAを制定すると、S&Lを次々と閉鎖し、他の金融機関との合併を促した。

図2-20　S&L危機時の米国の金融指標と原油価格の推移

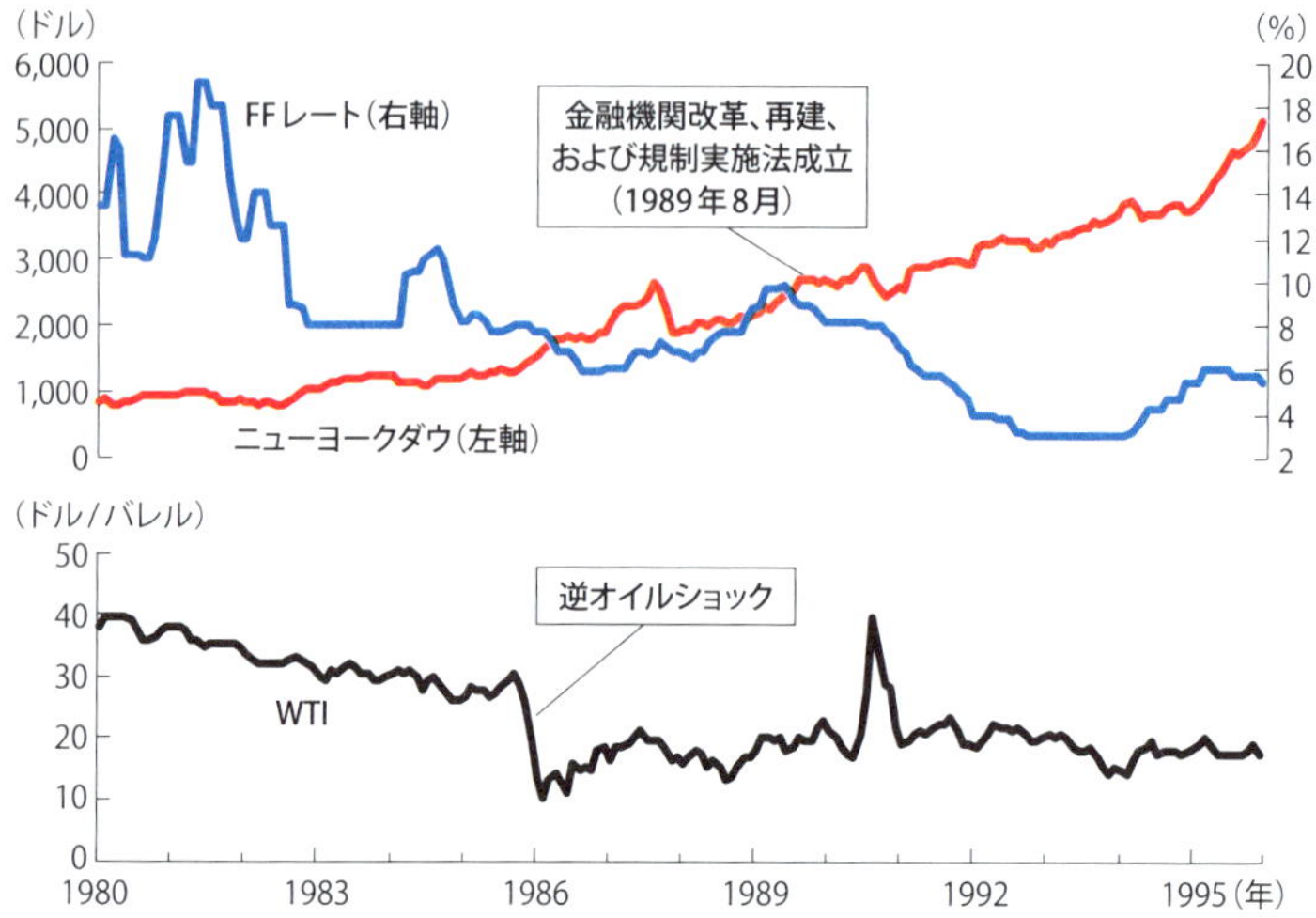

(注) データは月次で最後の値は1995年12月。
(出所) Thomson Reuters Datastreamより野村證券投資情報部作成。

の谷から１９９０年７月に景気の山を付けるまで92カ月に及ぶ景気拡大期にありました。ニューヨークダウは１９８４年年初以降下落基調が続き、７月24日の１０８６ドルで底値を形成します。７月にＳＥＣがアメリカンＳ&Ｌの粉飾決算を指摘し、８月にＦＨＬＢＢによる救済策が発表される時期に重なります。ニューヨークダウはいったん１２００ドル台へ急反発しますが、抜本的解決には至らなかったため、その後一進一退で推移しました。

一方、ＦＲＢはインフレの高まりを受けて、１９８４年３月より利上げを開始し、政策金利であるＦＦレートを８・０％から８月までに11・５％へ引き上げました。その後、アメリカンＳ&Ｌの経営危機に対応する形で利下げに転じ、金融緩和局面は

１９８６年11月まで続きました。金融緩和局面のなか、ニューヨークダウは１９８５年から１９８６年前半にかけて緩やかに上昇しましたが、後半に入ると企業業績の悪化を受けて一進一退の展開となりました。１９８７年に入ると、企業業績の回復を受けて上昇を始め、10月19日のブラックマンデーを迎えます。

◉……危機からの教訓と投資への示唆

Ｓ＆Ｌ危機は、１９８０年代を通して「だらだら」と展開しましたので、株価急落、反転の観点からは明確なシグナルは見出せません。加えて、危機が全米に広がったわけはなく、主として南西部の原油産出州での出来事であり、米国経済は長期拡大局面を続けましたので、「大きくて潰せない」金融機関への対応という事態までには至りませんでした。

しかし、「金融の規制緩和、自由化」には負の側面もあるという点と、破綻した金融機関は延命策を取らずに、（「たられば」は禁物ですが）仮に「ベイルイン」を早期に導入していれば、より早期に、よりコストがかからずに収束したのではとの示唆が得られます。

金融の規制緩和、自由化はしばしば危機の原因となります。前述のとおり、アジア通貨危機では、東南アジアのいくつかの国において、経済発展のために海外からの資金流入を促す目的で資本規制の撤廃を急いだことも危機の原因となりました。監督体制も整備されないなかで、高い利回りを求めて海外から流入した資金は不動産市場へ流れ、バブルが発生し、崩壊しました。日本のバブル期においても、金融の自由化が背景にありました。実際には難しいことですが、金融の健全な発展には、管理監督、規制緩和、危機への対応の仕組み（ベイルアウト、ベイルインなど）の間でバランスを取ることが肝要でしょう。

現在、中国は金融機関の貸出金利、預金金利の自由化を進めています。一方で、シャドーバンキング問題を抱えています。シャドーバンキングとは、通常の銀行による金融仲介以外のルートで資金が供給されることを指します。当局の目が届きにくいルートです。シャドーバンキングの資金が不動産市場へ流れ、不動産価格の高騰に拍車をかけました。中国当局はシャドーバンキングの規制強化を実施し、不動産市場がソフトランディング（軟着陸）するよう政策を総動員しています。今後、金利の自由化による過当競争の下で、より高い利回りを求めてあらたなリスクが生じないか、注意すべきでしょう。

教訓

▼金融の規制緩和、自由化は負の面もあり、注意が必要

▼破綻した金融機関の延命策はかえってコストがかかる

パターン❻ 相場の自律反転

このパターンは、プログラム売買などテクニカル要因で生じた大幅な株価下落は短期に終了する可能性が高く、株式を買うチャンスであることが示唆されるケースです。事例としては米国のブラックマンデーです。

パターン❻ 相場の自律反転

1 ブラックマンデー

◉……危機の背景

ブラックマンデーは1987年10月19日（月）に米国で起こった史上最大規模の株価暴落です。ニューヨーク株式市場の暴落を発端に世界同時株安となりました。同日、ニューヨークダウの終値が前週末より508ドル、22・6％値下がりしました。1日当たりの下

MANHATTAN ★ ★ ★ ★ SPORTS FINAL

DAILY NEWS

35¢ NEW YORK'S PICTURE NEWSPAPER® Tuesday, October 20, 1987

PANIC!

Dow plunges through floor — 508 pts.

6 PAGES OF COMPLETE COVERAGE BEGIN ON PAGE 2

BERNIE GETS 6 MONTHS

Five years probation on gun charge Story on page 5

1987年10月19日（月）、米国で起こった史上最大規模の株価暴落を発端に、世界同時株安となった。

落率としては史上最大で、2番目は先に紹介した「世界大恐慌」時、1929年10月28日の12・8%ですので、突出して大きい下落と言えます。

ブラックマンデー前後の日次チャートを見ますと、10月6日に3・5%、16日に4・6%と大幅に下落しており、約2週前から暴落状況にありました。10月6日から16日までの9営業日の下落率は14・9%に達しています。19日は一連の株価下落のなかで、セリング・クライマックス、すなわち市場全体が悲観一色になって下落が最高潮に達した日と言えるでしょう。

ブラックマンデーを調査した大統領特別調査委員会による「ブラディ・レポート」の市場関係者に対するアンケート調査では、19日の前週の株価下落はファンダメンタルズが主因で、19日の下落はファンダメンタルズよりも、テクニカル、心理的要因が重要だったと報告されています。ブラックマンデーに至る状況について、10月6日（火）から日を追って実況中継しましょう。

10月6日（火）にニューヨークダウは前日から91・55ドル下落しました。この日、当時の西ドイツの政策金利であるオペ・レート引き上げのニュースが伝わりました。日本でも公定歩合引き上げの観測がくすぶり、ＦＲＢも金融引き締めの可能性を示唆していたため、金利の先行きに極めて神経質になっていました。１９８５年9月のプラザ合意以降、先進主要国は利下げによる政策協調を実施しましたが、今後は利上げで足並みを揃えるのでは、との不安が市場で強まりました。

その後も10月13日（火）にいったん反発するまで、7日（水）、8日（木）、9日（金）、12日（月）と下落が続きます。そして、ブラックマンデーの呼び水になったとみられる14～16日の3日間を迎えます。

ブラディ・レポートでは、ブラックマンデーに至る株価下落は、14日（水）の2つの出来事が引き金となったと分析しています。

第1に、同日8時30分に発表された8月の貿易赤字額が１５７億ドルと、市場予想を15億ドル上回ったことです。この発表を受けて、ドルは西ドイツマルク、日本円に対して下落しました。ドル安により米国債市場の需給悪化と先行きのインフレ懸念が強めたため、長期金利が上昇し、10年及び30年国債利回りがともに10％台へ上昇しました。

第2に、後に「１９８７年連邦予算削減一括法」として成立する法案が10月13日の下院歳入委員会の共和党議員間で合意され、同法案に企業買収を抑制するための税制改正案が含まれていたことです。その概要が14日の新聞で報道されました。

この2つの出来事により、14日の午前中にニューヨークダウは約1・7％下落しました。午後には、株価の下落を受けて機関投資家のポートフォリオ・インシュアランス（後述）による先物売りが殺到しました。ニューヨークダウは14日に前日比3・8％下落しました。15日は市場が終了する直前の30分間に50ドル以上の下落となりました。翌16日は「一括法案」が民主党議員を含む下院歳入委員会で承認され、成立の可能性が一段と高まりました。株価の下落基調は変わらず、ニューヨークダウは108ドル下落（4・6％）、6日に続いて大幅に下落しました。

◉……危機の展開

週明け19日のブラックマンデー当日、日経平均株価は前日比2・5％下落、ロンドン市場は正午までに同約10％下落していました。ニューヨーク市場では、午前9時30分の取引開始から売り注文が買い注文を大幅に上回り、多くの銘柄は取引開始後の1時間に取引が成立しませんでした。裁定取引で一時反発する局面もありましたが、先物価格が現物価格に対して大幅に割安となる状態が継続しました。

先物市場の売り圧力が裁定取引を通じて現物市場に反映されていきました。ニューヨー

ブラックマンデー当日、日経平均株価は前日比2.5%下落、ロンドン市場は正午までに同約10%下落した。

クダウは508ドル安で引け、出来高は6億株（1987年1～9月の平均は1億8000万株）、売買代金は210億ドルに達しました。このような大幅な下落について、機関投資家のポートフォリオ・インシュアランスによる先物売りが要因と言われましたが、実際にその影響は大きいものでした。先物市場では、ポートフォリオ・インシュアランスによる売りが売買高の4割を占めました。

翌20日の取引開始前、FRBは「金融システムに必要な流動性を供給する用意がある」との短い声明文を発表しました。これを受けて株式市場は急反発で始まりました。しかし、午前10時には上昇が止まり、先物売りが強まり、再度急落しました。正午前には前日比でマイナスに転じました。さらに、取引が成立しない個別銘柄が多数あるなか、ニューヨーク証券取引所の

ブラックマンデーの翌日の午後、大手企業が株式相場を支えるための自社株買いを発表すると、ニューヨーク市場は反発に転じた。

閉鎖が噂され、先物やオプションなど派生商品の取引所が一時取引停止に追い込まれました。

しかし、同日午後には、大手企業が株式相場を支えるための自社株買いを発表して株価は反発に転じました。自社株買いの発表自体は19日でしたが、同日午後に影響力を持ちうる規模に拡大し、夕方までに発表額の合計は60億ドルに達しました。

「S&L危機」で説明したとおり、当時の米国経済は1982年11月の景気の谷から、1990年7月に景気の山を付けるまで92カ月に及ぶ景気拡大期にあり、企業利益も良好でした。需給面からも株式の市場環境は良好で、M&A（企業の合併・買収）に絡む株式の消却や、自社株買いの増加によって市場全体の株式供給額は1984年から大幅な減少となり、株価を押し上げる要因でした。

1980年代は、企業買収の手法としてLBO（レバレッジド・バイアウト）の採用が広がり、企業買収活動が活発化しました。LBOとは、買収先の企業の資産、キャッシュフローを担保に資金を調達し、買収した企業の資産の売却や事業の改善などを買収後に行うことによってキャッシュフローを増加させることで負債を返済していくM&Aの手法です。

通常、株価は将来の利益フローを基礎に形成されますが、清算価値からも求めることができ、これは恐怖や混乱などによって将来の利益フローの分析が困難な場合に株価の安全弁として機能します。清算価値がフロー分析による価値を上回ることは稀ですが、ブラディ・レポートでは「1900年代初頭、1960年代終盤、そして1980年代の半ばは例外で、1987年の夏にはこの関係が株式市場の支配的な考え方になった」としています。

米国株式市場は1982年から上昇基調にありましたが、1986年から株価上昇のピッチが加速しました。ニューヨークダウは1986年末から1987年8月の高値まで43・6%、1985年末からでは76・0%もの上昇を記録しました（図2-21参照）。

当時の投資環境を振り返ると、米ドルの安定性への懸念が高まっていました。主要先進国は1985年9月のプラザ合意以降、ドル高是正を目的に協調して秩序を保ってドル安に誘導することを目指していました。しかし、実際には対円、対西ドイツマルクとも一本調子でのドルの下落が続き、過度のドル安が心配されました。

図2-21　日米の株価と米10年国債利回りの推移

(注) データは月次で最後の値は1988年10月31日。
(出所) ブルームバーグより野村證券投資情報部作成。

1987年2月のルーブル合意では、ドルの安定を目指して政策協調が宣言されましたが、米国の貿易赤字拡大もあって、ドル安への懸念は根強く残りました。10月6日には、米国の反対を振り切って西ドイツが政策金利の引き上げを決定し、市場で「政策協調は破綻した」と受け止められたことも株価暴落に至る重要なきっかけになりました。

一方、1987年1月に7・0〜7・2%で推移していた10年国債利回りは2月から上昇が始まり、4月に8%台、8月に9%台へと上昇し、ブラックマンデー直前の10月14日には10%台へ上昇しました。景気回復と消費者物価の底打ちを背景に利上げを見込んだ上昇と見られます。1980年5月から続いた利下げが1986年8月に終了し、1987年9月に5・5％から6・0％へと1980年1月以来の利上げが実施されました。ドル、および金利に対する懸念が高まった背景には、1980年代に入って米国の貿易赤字と財政赤字の拡大、いわゆる「双子の赤字」がありました。

もう1つの株価下落要因は、反企業買収の考え方に立つ税制改正案でした。ブラックマンデーの前、株式市場はLBOブームを背景に企業の清算価値に注目して株価形成が行われていたと見られ、通常の株価尺度であるPERはそれまでと比べて高水準になっていました。ブラディ・レポートは「5月末時点でS&P500指数は25～40％割高であるとのウォール街の複数の分析があった」と指摘しています。

このような状況で、被買収企業の買収価値を損ない、また、企業買収活動そのものを抑制する税制改正法案が提出されたため、清算価値による株価形成の前提が崩れました。ブラックマンデー後に株価が下げ止まった時点のPERは13倍台であり、1986年初から上昇ピッチが上がる前、1985年後半の水準でした。

次にテクニカル面について考えてみましょう。年金基金など大きい資産を運用する投資家がポートフォリオ・インシュアランスを導入するケースが増えていきました。ブラックマンデー時には、「600億～900億ドルの株式資産がポートフォリオ・インシュアランスのアドバイス下にあり、1987年中に4倍に増加した」と言われています。

ポートフォリオ・インシュアランスは、ポートフォリオの損失を予め設定した金額内に収めようとするモデルです。株価が下落すると、株式のネットの保有額を減らすために株価指数先物を売り建てる指示が自動的に出ます。このため、ブラックマンデーの前週の株価下落を受けて、ポートフォリオ・インシュアランスによる先物売りが殺到する結果となりました。

ガミル・マーシュ氏の推計によると、14～16日の株価下落によって120億ドル分の株式組入比率の削減が必要となっていましたが、16日の市場引け時点で40億ドル分しか執行されず、未実行の注文が週明けの19日に集中したとされます。19日の株価指数先物市場は、ポートフォリオ・インシュアランスによる売却額が出来高の4割を占めました。

テクニカルなもう1つの要因として、相場の暴落を緩和する手段が欠如していたことが挙げられます。ブラックマンデーなどの経験を基に後に取り入れられたサーキット・ブレーカー制度など、市場の落ち着きを取り戻すためのルールがありませんでした。現在では広く導入されているサーキット・ブレーカーは、取引価格が急激に大きく変動した場合に、取引を一時中断して過度の変動を抑制するものです。一時中断することで、投資家は情報を収集して判断する時間的余裕が与えられます。売り注文が売り注文を呼んで不安心理が高まり、買い注文も入らず、薄商いのなか、価格だけが下落するような状況を防ぐ制度です。

◉……危機の収束

前述のとおり、ＦＲＢは10月20日の早朝に流動性を供給するとの声明文を発表しました。同日、政策金利であるＦＦレートを７・５％から７・０％に引き下げ、公開市場操作によって市場への資金供給を強化しました。金融機関に対してはブローカー、ディーラーへの資金供給を促しました。この一連の対応が大幅、かつ急速な株価下落が金融危機に繋がることを防いだと見られます。一方、最も効果があったのは、主力企業が自社株買いを発表して、将来の経済、業績への自信を表明したことにあると考えられます。ニューヨークダウは10月20日の１６１６ドルを底値に、その後、上昇基調へ復していきました。

◉……危機からの教訓と投資への示唆

ブラックマンデーから現在への示唆を考える際に特筆すべき点の１つは、経済成長、企業業績が堅調ななかでも、ポートフォリオ・インシュアランスやプログラム取引といった運用手法による執行で、１日で20％を超える株価の暴落が起こり得るということでしょう。その後、ＳＥＣ（証券取引委員会）やブラディ・レポートを初めとする調査、分析を経てサーキット・ブレーカー制度など、株価暴落を防ぐルールが整備されました。

現在、株式市場ではコンピュータ・アルゴリズム、つまり、事前にコンピュータに組み込まれたプログラムで高速で売買を執行するシステムであるＨＦＴ（High Frequency Trade）が取引量の重要な割合を占める、という市場構造の変化が起きています。HFTはミリ秒単位（1000分の1秒）で発注する高速、高頻度の取引を指します。2010年に東京証券取引所の新株式売買システム「アローヘッド」が稼働して以降、日本でも同じような状況にあります。

2010年5月6日に起きたフラッシュ・クラッシュでは、先物市場への大口注文によってニューヨークダウが数分間に9％下落しました。誤発注やプログラムのバグ（不具合）などが生じた場合に、HFTなどによってその影響が短時間に増幅する可能性はあるでしょう。しかし、ブラックマンデーの教訓として最も特筆すべき点は、テクニカルな要因で下げた株価は短期に戻る可能性が高く、株式を買う良い機会を提供してくれるということです。

教訓

- ▼市場環境が良好でも、テクニカル的な要因で急落するケースは今後も考えられる
- ▼その際、短期的に株価が反発する可能性が高く、株式買い入れの良い機会を提供してくれる

古のバブル

最後に古《いにしえ》のバブルのケースを2つ紹介します。①ジョン・ローとミシシッピ事件、②南海泡沫事件です。いずれも遡ること300年ほど前の出来事ですが、現在に与える示唆はあるのです。

1 ジョン・ローとミシシッピ事件

古のバブル

◉……危機の背景

17世紀後半以降、欧州では王位継承や領土獲得などの紛争に他国が介入するなど、頻繁に戦争が起きました。英国やフランスが新大陸（北米）の殖民を開始した歴史は17世紀初頭まで遡りますが、先行したスペイン、ポルトガル、オランダの勢力が衰えると、植民地争奪戦の主役は英仏へと移り、欧州での戦争に呼応して新大陸でも戦争が起きました。ミシシッピ事件の少し前には、欧州ではスペイン継承戦争（１７０１～13年）が、新大陸ではアン女王戦争（１７０２～13年）が勃発しています。

18世紀初めのフランスでは、対外戦争に加えて、ルイ14世時代の浪費などを背景に国家財政が悪化し、その立て直しが急務でした。ルイ14世が死去した１７１５年の国債発行残高はＧＤＰの２～３倍との記録が残っています。現在の日本と似たような状況です。

厳しい財政状況に至った背景には、絶対王政下における歳出入システムの問題がありました。主な歳入は税金ですが、大貴族や金融家が「徴税請負人」となり、王に前払いした後に、３割から10割を上乗せした税額を軍や裁判所の権威を後ろ盾に徴税し、この上乗せ分を自らの手数料として収めていました。徴税の中間段階で搾取が行われた結果、特にしわ寄せを受けた商工業者や農民の不満が高まりました。

一方、歳出は宮廷が勝手に決めていました。歳出が歳入を上回った場合には、①さまざまな権限や免税特権などの付いた「官職」を売却する、②徴税請負人から借金をする、③国債を発行する、などの方法で資金を調達していました。国債や借入金の元利払いに行き詰まると、国王はしばしばデフォルト（債務不履行）を宣言し、支払金利が一方的に切り下げられることも少なくなかったようです。

金融家や投資家からの資金は、主として歳出入の調整に使われたため、産業発展のための投資は二の次となりました。フランスに景気の低迷やデフレをもたらし、後に産業革命の下地となるべき産業基盤の蓄積を遅らせ、英国の後塵を拝する背景ともなりました。

ここでジョン・ローが登場します。彼はスコットランド人ですが、ルイ14世の死後、幼いルイ15世の摂政となったオルレアン公フィリップの知遇を得て、フランスの財政改革に取り組むことになりました。

ジョン・ローは、幼いルイ15世の摂政となったオルレアン公フィリップの知遇を得て、フランスの財政改革に取り組むことになった。

ローがオルレアン公に最初に進言した政策が貨幣改鋳でした。1715年、オルレアン公は既存の金貨、銀貨の無効を宣言して回収したうえで、貴金属含有量を20%減らした新金貨、新銀貨へ切り替えました。いわゆる貨幣の改悪です。これによりフランス政府は約1億5000万リーブルを捻出しましたが、当時の財政状況から見て、1年分の利払いを賄うのが精一杯でした。

ローはオルレアン公に国立銀行（中央銀行）の設立を進言しましたが認められず、1716年5月に私立で「バンク・

ジェネラール」を設立し、紙幣（銀行券）の発行と流通の権限を得ました。

ローは元来、土地を担保にした貨幣の発行を主張していましたが、実際に発行したのは金貨、銀貨との兌換性、すなわち交換性を持たせた銀行券でした。これまで何度も登場しましたが、後世の「金本位制」の先駆けとも言える仕組みです。裏付けられた金貨、銀貨の準備は発行された銀行券の50％程度であったと言われています。

1717年4月には、税金の支払いを銀行券で義務付ける法律も作られ、銀行券の流通促進が図られました。ローは世の中に流通する通貨量を金銀の制約から解放して拡大させれば、景気は良くなるとの信念を持っていたようです。

まさに「金本位制からの離脱」です。先に「世界大恐慌」「昭和恐慌」でお話ししましたが、デフレからの脱却の処方箋として、金本位制から離脱して貨幣発行量を拡大させる政策です。彼が想定していたイメージは、商工業が盛んになり、資金が回って実体経済が拡大し、銀行券の流通量も増える経済システムであったと思われます。それを実現するには、国家債務の穴埋めに使われていた金融家や投資家らの資金が、商工業者などへ振り向けられる必要があると考えていました。

ローが考える経済システムでは、中央銀行が流動性を供給するとともに、企業が経済活動を牽引することが想定されていたようです。特に、英国やオランダの東インド会社のような貿易を独占的に行う中核企業の育成が重要と考えられていました。

フランスの新大陸経営は英国に比べて遅れていました。英国は１６０７年のヴァージニア植民地を皮切りに殖民を進め、自営農、漁業、商工業の振興が図られました。１７３２年までに13の植民地が成立し、18世紀後半には人口が２００万人を超えていました。フランスは１６０８年にカナダへ進出してケベック市を建設し、ルイ14世の時代にはルイジアナを手に入れました。

１７１７年8月、ローは英国が１７１１年に設立した南海会社にヒントを得て、フランス領ルイジアナにおいて金、銀の採掘の独占権を有する「西方会社（前身は１７１２年設立のミシシッピ会社）」を設立しました。西方会社は１７１９年に「インド会社」へ改組され、フランスの対外貿易、植民地経営の全権益に加え、徴税業務も独占することになりました。こうした特権の見返りとして、インド会社には王室債務の引受けが求められました。徴税請負人から徴税特権を奪うことにもなったため、彼らの強い反発を招きました。

●……危機の展開

ローにとっての最大の使命はフランス財政の立て直しにあり、大量に発行された国債を処理することでした。当初、税制を改革して25年程度かけて国債を償還しようと考え、土地所有者に絞った税制の創設を主張しました。しかし、そうした税制は徴税請負人の利害と対立するうえ、絶対王政下で土地の所有構造が複雑化していた状況では実行困難ということで断念しました。

そこで、以下のスキームを考案し、既発国債を一挙に処理することを考えました（図2－22参照）。

①ローが私的に設立したバンク・ジェネラールは1720年2月に王立銀行へ格上げし、インド会社の傘下に置き、ここが銀行券を発行し、実質的に一体となったインド会社へ貸し付ける。

②その銀行券をインド会社がフランス政府へ転貸し、同社は政府から年3％の利払いを受ける。

③フランス政府は銀行券で投資家の保有する国債を償還する。

④インド会社が新株を募集し、投資家がこれに応じることで、投資家の手許にある銀行券が吸収される。

「中南米累積債務問題」で紹介しましたが、現在で言うところの「デット・エクイティ・スワップ」を採用し、事実上、「昭和恐慌」における「日銀の国債引き受け」とほぼ同様の仕組みを取り入れています。政府には年3％の利払い義務が新たに生じるものの、国債は元本返済が必要ないインド会社の株式に全て置き換えられ、政府の負担は大きく軽減されることになりました。

1719年末までに累計11億リーブルの銀行券が発行されました。このうち4億5000

図2-22　国債をインド会社の株式に置き換えるスキーム

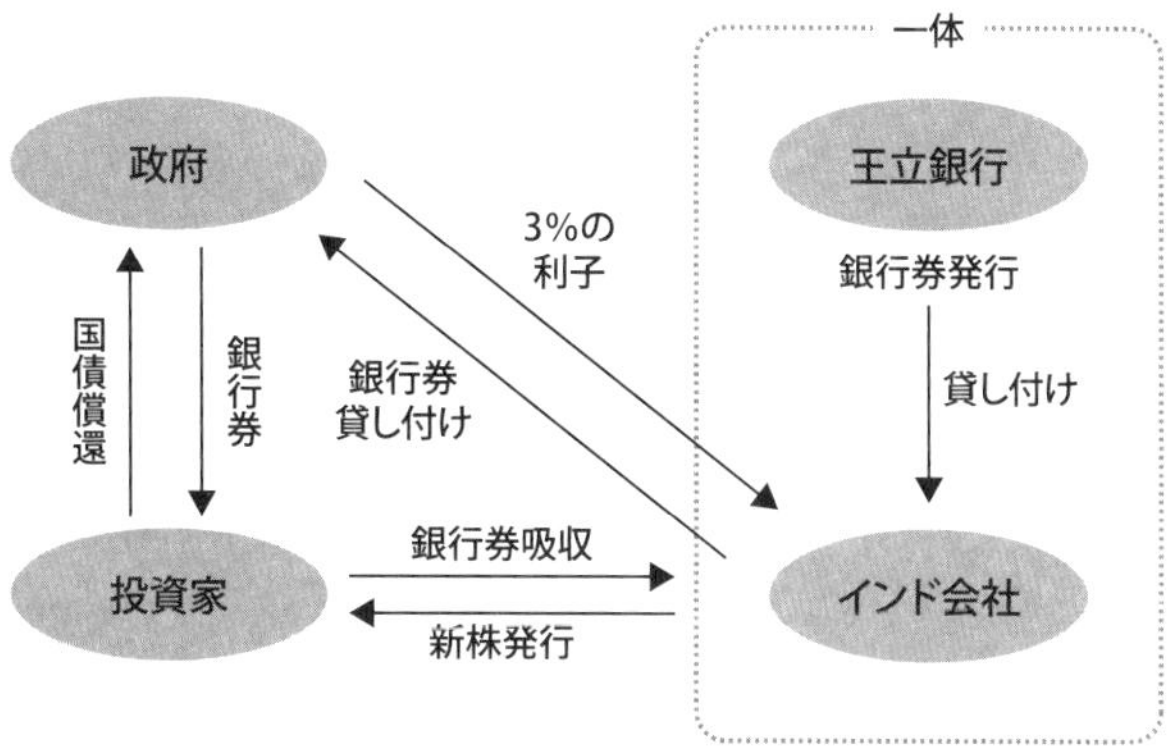

万リーブルがインド会社の株式の払込金として吸収されたと言われており、残り6億5000万リーブルが市中に流通し、株式以外の財や資産へ向かいました。

当時の記録によれば、奢侈品の価格は上昇し、高価なレース、絹、ラシャ、ベルベットなどの生産が増加し、職人の賃金は4倍になり、失業も減ったそうです。住宅建設も進むなど景気が相当上向いたことがうかがえます。今日で言うところの金融緩和やリフレ政策が景気を押し上げる効果を発揮したわけです。

国債を株式に換えるスキームが首尾よく進むためには、インド会社の株式が魅力的であり、新株募集に対して常に応募があることが必要条件となります。インド会社は額面配当率40％をうたい、株式の購入には分割払いも認めるなど、投資家に有利な条件が付与されていました。新大陸では金、銀の採掘事業を開始するといった有望事業の情報も宣伝され、情報を確認する手段に限られていた当時の投資家にとっては、極めて魅力的な会社と映ったはずです。

1年程度が経過した段階で、フランス国債の大部分がインド会社の株式へと置き換わりました。同社の人気は異常に高まり、設立当初は500リーブル程度であった同社の株価は、1720年初頭のピーク時には、1万8000リーブルへと36倍も高騰しました。短期間ではありましたが、ローの考案した経済システムは成功を収めました。

インド会社の人気は異常に高まり、設立当初は500リーブル程度であった株価は、1720年初頭のピーク時には36倍も高騰した。

バブル崩壊の兆候が現れたのは1719年12月でした。インド会社の利益が株価の評価に比べて著しく低いことが判明し（記録によると株式益利回りが1・4％）、これが株価下落のきっかけになったと言われています。株価形成の過程はまさに「バブル」そのものであり、その昔もバブルはあったのです。

1720年3月には、株価維持のために9000リーブルの固定価格でインド会社の株式と銀行券の交換が自由化されました。固定価格は実勢の株価を大きく上回っていたため交換が進み、市中には大量の銀行券が放出されました。この結果、激しいインフレが起こり、金貨、銀貨に対する銀行券の価値が急速に低下しました。

人々は兌換を求めて銀行に押し寄せましたが十分な対応は行われず、7月には兌換も停止されました。市中は暴動に近い騒ぎになり、収拾がつかない状況となりました。怒りの矛先はローにも向かい、彼は同年夏に財務総監の職を解かれ、年末には国外へ逃亡しました。インド会社も徴税請負特権と貨幣鋳造権を返上しました。

◉……危機の収束

バブル崩壊後、1721年に反ロー派の徴税請負人らにより、経済システムの破綻処理を行う特別委員会が設けられました。同年に倒産したインド会社の債務は15億リーブルまで圧縮されたうえ、償還日の決まっていない国債に転換され、破綻処理費用が以後の年間歳出額に組み込まれました。なお、ローに対して直接的な責任追及は行われませんでした。

ローの後任の財務総監となったドダンは、1723年から1725年にかけてデフレ政策を遂行しました。貨幣流通量を減少させたため物価が下落し、銀行融資も減少したため、生産活動は停滞しました。インド会社とともに王立銀行も機能を停止しましたが、本格的な中央銀行は1800年のナポレオンによる設立まで待つことになります。

ローの経済システムを別の観点から評価するためには、同時代のスコットランド人、カンティリョンの考え方が参考になります。彼はローとも親交があり、ミシシッピ事件のバブルで富を築き、その崩壊前に売り抜けて国を離れています。後にロンドンへ移った彼は、最後に説明する南海泡沫事件のバブルでも巨額の利益を手にしています。

彼は貨幣数量説を最も早い時期に提唱した人物と言われています。つまり「貨幣供給量の増加は物価上昇をもたらす」との説です。貨幣の世界と実物の世界とを結び付け、貨幣側の変化が実体経済に及ぼす影響を解明しようとした点で先進的であったと言えます。

ジョン・ローが実践しようとした政策は、今日で言うリフレ政策を行うことでデフレ状態から抜け出し、景気回復を図ろうとしたものととらえられます。前述のとおり、「世界大恐慌」「昭和恐慌」「米国のサブプライム問題・リーマンショック」の際も、リフレ政策がデフレ脱却のきっかけとなりました。

不完全ながらも中央銀行制度を創設し、紙幣の流通量を拡大させたことで経済は大きく息を吹き返しました。産業政策や財政に関する構造改革も念頭にあったと思われますが、それを行う前に、金融政策の弊害としてバブルの発生と崩壊を招き、彼は国を追われることになりました。

流動性を潤沢に供給することで、景気や資産価格を下支えする政策は、現在でも重要な役割を果たしています。当時もいまも、金融政策のうえで「貨幣流通量」をコントロールすることが重要である点に変わりはありません。ＦＲＢが量的金融緩和の出口戦略をいかに進めるか腐心していることは、周知のとおりです。

古のバブル

2 南海泡沫事件

最後に、英国で起きた南海泡沫事件を紹介します。エドワード・チャンセラーの著作である『バブルの歴史』によれば、バブルという比喩が使われ始めたと言われるのがこの「南海泡沫事件」だそうです。

◉……危機の背景

当時の英国の時代背景を確認してみましょう。「ジョン・ローとミシシッピ事件」で説明したとおり、英国は17世紀後半以降、欧州と新大陸で断続的に行われた戦争の多くに参戦したため、国家財政は悪化していきました。1719年は南海泡沫事件のバブルが頂点に達する前の年ですが、英国の国債発行残高は1年間の予算の約8倍にのぼりました。

当時の英国では、累増する国債を前にして、借り換えによって短期債を長期債に、高金利を低金利に置き換えるなどしてやり繰りしていました。発行残高の30%が非償還国債（年金国債）と呼ばれる32年物や99年物の超長期国債であり、原則として期限前償還や条件変更ができず、国家財政の硬直化を招いていました。

当時の英国は富の蓄積が相当程度進み、受け皿となる投資家層が育っていたことが、後述するように国債を株式に置き換える計画が実行に移された下地となりました。富の蓄積が進んだ要因としては、主に以下の3点が挙げられます。

第1に、ピューリタン革命（1642〜49年）や名誉革命（1688〜89年）を経て絶対王政が倒され、議会政治や資本主義の発展の障害が取り除かれていたことがあります。第2に、英国は植民地抗争でスペイン、オランダ、フランスを次々に破り、海外貿易の富を最も多く享受できる立場にありました。第3に、問屋制家内工業や工場制手工業の発展です。

1711年に「南海会社」が設立されました。同社は東インド会社と同じく、政府の設立免許に基づく国策会社で、南米大陸東岸の貿易独占権（後に西岸も加わる）、株式発行権、政府より年6％の利払いを受ける権利、などの特権が付与されました。フランスでほぼ同時期に設立されたミシシッピ会社は貿易の独占権に加えて、後に銀行券の発券機能まで独占していました。英国では、発券機能は中央銀行であるイングランド銀行に委ねられていた点で異なります。イングランド銀行の設立は1694年です。

南海会社の本業は、欧州、アフリカ、新大陸の3つの地域を結ぶ三角貿易でした。南海会社に託されたもう1つの重要な使命は、貿易から上がる利潤を原資として英国国債の一部を引受けることでした。

南海会社は設立時に1000万ポンドの株式を募集しましたが、その際に英国国債を保有する投資家に対して、国債の額面（100ポンド）と株式の額面（同）の等価交換を申し出ました。デット・エクイティ・スワップです。株式の額面配当率は5％と決して高くはありませんでしたが、当時、国債価格が相当下落していたと言われており、国債保有者は進んで株式との交換に応じたようです。

英国政府は南海会社に対して新たに年6％の利払いを行うことになりますが、既存の国債は元本償還が不要な南海会社の株式と交換されました。

引受けスキームの延長線上に、既発行の英国国債全てを南海会社の株式に置き換える計画が浮上し、「南海計画法案」が英国議会へ提出され、1720年4月に成立しました。当時の英国国債の発行残高は約5000万ポンドと言われていますが、このうち東インド会社とイングランド銀行が保有する分を除く3150万ポンド程度が交換の対象とされました。南海会社は置き換えた国債相当額を年5％の利子で政府に融資しましたので、英国政府は利払い義務さえ果たせば、元本償還は実質的に免除された形となりました。

◉……危機の展開

実際には、現金の払い込みによる南海会社株式の募集と、国債から同社株式への転換の募集は別に行われました。これらの募集が円滑に運ぶための条件は、同社の株価が堅調に推移することでした。現金で応募した投資家にとって値上がり益の拡大が望ましいのはも

図2-23　南海会社の株価の推移

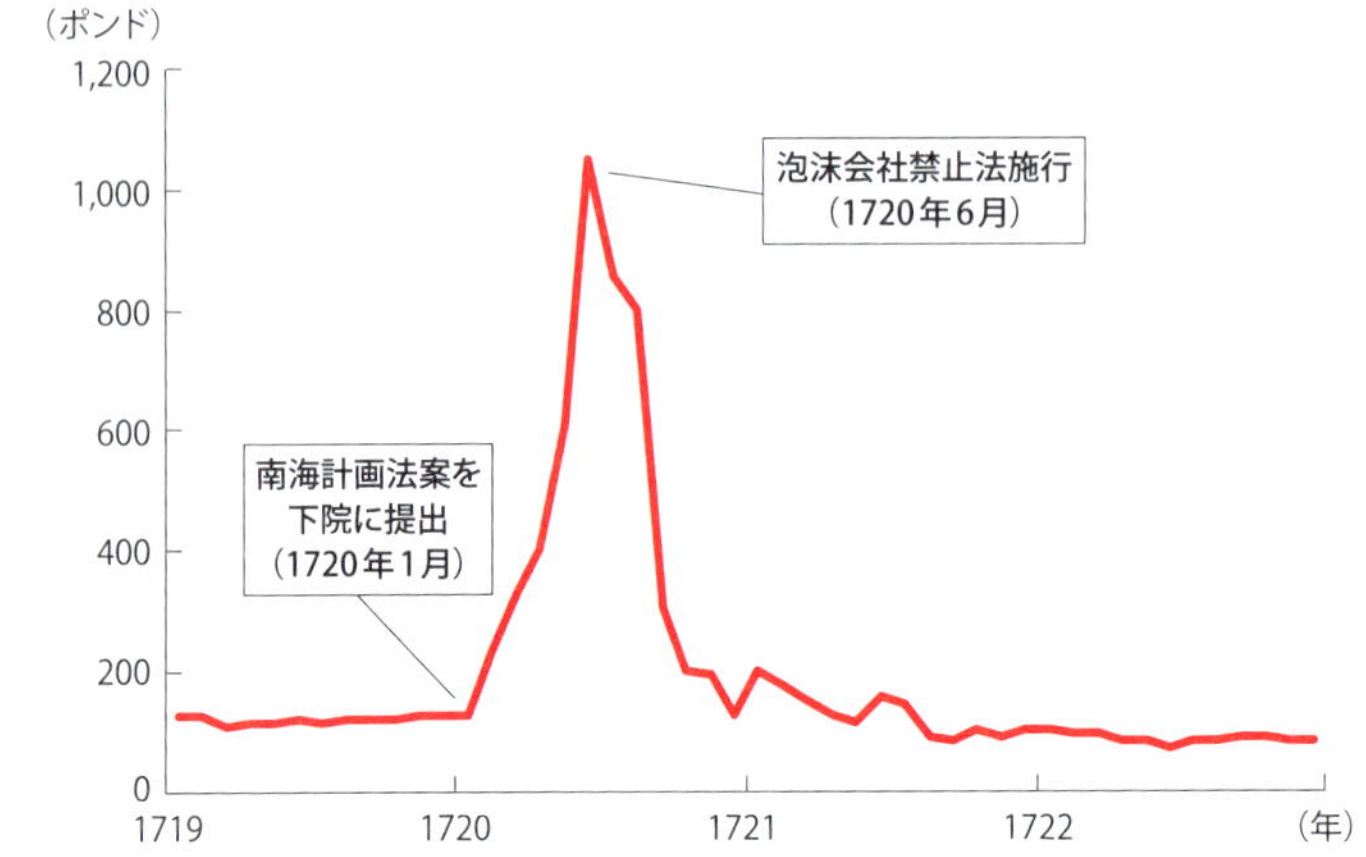

（出所）各種資料より野村證券投資情報部作成。

ちろんのこと、国債の保有者にとっても株式へ転換するインセンティブが高まることになります。南海会社にとっては売却可能な自社株の評価額が拡大しますし、政府も株式への転換が進むほど、国債の元本償還義務から免れます。

あらゆる関係者にとって望ましい結果をもたらすことになりますので、南海会社の株価維持に向けて特段の努力が払われました。当時の国王、ジョージ1世を南海会社の総裁に据えて信用を担保し、株式の購入には20％の手付け金を支払えば残りは16カ月の分割払いが認められました。株式を担保にした融資制度も設けられ、今日の信用取引の先駆けとも言える制度が盛り込まれました。南海会社の事業動向や、配当、株価への強気な見通しが適宜発表されました。

南海会社の株価は、1720年1月の「南海計画法案」の提出前後は130ポンド程度で推移していましたが、徐々に上げ足を速めていきました（図2－23参照）。ブームに乗ろうとした泡沫会社が乱立して、株式の募集を始め、これらの企業の株価も上昇していきました。

南海会社は1720年4月の法案成立後、都合4回の新株募集を行いました。その過程では、投資家の資金を同社へ集中させるため、特許状のない会社が発行した株式の取引を禁じる「泡沫会社禁止法」が6月に施行されました。

この頃には南海会社の株価は1000ポンドを超えてピーク時を迎えましたが、同法によって泡沫会社の株価が一気に崩れると、南海会社の株価も下落の一途を辿ることになりました。年末には、同社の株価は120ポンド程度まで暴落し、過去1年間の上昇分が帳消しとなりました。

「泡沫会社禁止法」によって、南海会社の株価も下落の一途を辿り、過去1年間の上昇分が帳消しとなった。

南海泡沫事件は、国債の累増で硬直した国家財政を立て直すべく、今日で言うところのデット・エクイティ・スワップの手法を用いたという点で、フランスのミシシッピ事件と同じ構図でした。ただし、当時の英国はフランスよりも産業基盤や富の蓄積という点で先行しており、流動性の供給についてもフランスほど短期間に急膨張したとは言えない状況です。

したがって、バブル発生の本質は、デフレからの脱却や景気の拡大を背景としたと言うよりも、投資商品としての魅力に乏しい国債に替わって登場した南海会社の株式に、投資家の期待が過度に膨れ上がったと言えるでしょう。その意味では、「ＩＴバブル」の様相に近いかもしれません。

◉……危機の収束

南海会社の株価が暴落すると、損害を受けた者からの怨嗟の声が高まり、翌年に首相となるウォルポールが中心となって、関係者の責任を追及する「南海事件秘密調査委員会」が１７２０年12月に議会に設置されました。

経営陣に対して投獄や財産没収などの措置が決まり、南海計画を推進していた政治家の多くも職を追われました。被害者救済策としては、国債転換計画の開始時に、南海会社から国庫に収められていた資金が拠出され、株式購入のために南海会社から融資を受けていた者に対して、融資額の大半が返済免除となる措置がとられました。

歴史に学ぶ教訓と投資への示唆

本書の締めくくりとして古のバブルを紹介したのには「わけ」があります。300年ほど遡る昔も今も、バブル崩壊などの危機が発生し、その背景や処方箋には共通したものが多く、相場反転のきっかけもある程度パターン化できることをお伝えしたかったからです。

個人投資家の方にとって、過去の危機の歴史をひも解くのは容易ではないため、本書で紹介する意義があると考えました。

デフレの原因を巡っては、「供給過剰」とする実物経済を重視する意見と、「貨幣供給量の不足」とする貨幣を重視する意見が対立しています。実物経済を重視する場合には、金融政策よりも財政政策に軸足を置くことになりますし、貨幣を重視する立場からは財政政策よりも金融政策に重きを置くことになります。リーマンショックの後、米国経済はおおむね回復してきましたが、欧州経済は精彩を欠いています。欧州は財政規律を引き締めたがゆえに回復が遅れている、との意見もあります。

また、デフレ対策としての金融政策の効果についても意見が対立しています。政策金利がゼロの状態で量的緩和を施しても設備投資などが刺激されない、むしろ、米国も英国も通貨安によって景気が回復したなど、さまざまな意見が見られます。また、バブルを事前に抑制するためには、株価、不動産など資産価格を十分に視野に入れるべき、との意見もあります。言うは易しで、実際にはかなり難しいと思いますが。

危機の原因や、どのような金融政策、財政政策をとるべきかの議論は古くて新しいテーマなのであり、現在進行形です。しかし、株価など資産価格が反転上昇する局面がやがては訪れる、という点は共通していますが、個人投資家の方の立場からすると、経済危機、金融危機を前にしてどう行動したらいいか迷いがちです。

これまでさまざまな危機の歴史で紹介したように、実体経済面では萎縮してしまった需要を創出するために、これは主として財政出動という形をとり、金融面では目詰まりした資金を中央銀行が供給する、あるいは資本が毀損した銀行へ公的資金を投入する、などの政策がとられます。

新興国の危機ではＩＭＦなどの国際機関が支援する場合がほとんどです。こうした公的関与が相場反転のきっかけになります。しかも、近年はグローバルに各市場が密接につながっていますので、Ｇ７、Ｇ20などの「国際協調」も相場反転の契機となります。

資産価格が半永久的に上昇するのであれば「今、全額を投資する」、半永久的に資産価格が下落するのであれば「今、全額を売却する」ことが最適な投資行動です。

しかし、実際にはそうはなりません。大規模な金融危機や経済危機が起これば、資産価格は大幅に下落します。しかし、これまでに見てきたように、価格が永遠に下落し続けることはなく、やがては反転する局面が到来します。

とすれば、なるべく安いときに資産を購入することが合理的な投資行動となります。経済危機、金融危機で資産価格が下落したときこそが投資のチャンスです。

本書で取り上げた危機の歴史が教えてくれる、相場反転のパターンを踏まえていれば、危機の際に「投資を継続し、あるいは新規に投資することが合理的である」との心の準備ができ、実際に行動できます。

本書の冒頭で紹介したように、資産形成に成功するためには、「グローバルに」「分散して」「長期にわたって継続的に」投資することが肝要です。

そのために、「危機の歴史に学ぶ」ことの意義をご理解頂けましたら幸いです。

おわりに

著名な投資家であるジム・ロジャーズ氏はこう述べています。

「私は投資で成功したければ歴史を学ぶべきだと言ってきました。いつの時代も根本的な部分で世界には何も新しいことなど起こっていません」

「投資家として成功したいなら、投資の神様と言われている人々の話を聞くよりも、歴史や哲学を学んだほうがいい。そのために欠かせないのが読書です。歴史書や哲学書から歴史的教訓を学び、ものごとに対する洞察力を磨く。そうすれば大局をつかむことができるし、将来の変化も予測できる。歴史は繰り返すのです」

「世界は常に変化してきたことを理解し、将来を見通せるようになるために、歴史を学ぶべきです。どの年でもいいから選んで、それから50年後の世界は実際にどうなったか調べてみてください。驚くべき変化が起きたことに気づくでしょう」

彼はこれほどまでに「歴史」の重要性を強調しています。

第1次世界大戦後、敗戦国であるドイツは、膨大な賠償金の支払いを余儀なくされました。賠償金額は1320億マルク、1913年当時のドイツの国民所得の2・5倍にのぼりました。ドイツ政府は当時の中央銀行であるライヒスバンクに国債を引き受けさせることで賠償に必要な資金を調達したため、激しいインフレが起きました。1913年から1923年にかけてドイツの物価は1兆倍という天文学的な上昇を見せました。このハイパーインフレを収束させたのは財政赤字の削減であった、との説が有力です。

本書で解説したように、新興国の金融危機の歴史でも、インフレの高進が大問題となりますが、最終的にIMF（国際通貨基金）が金融支援を実施することで危機は収束しました。IMFや世界銀行の政策に対しては、「市場主義、自由化による経済運営」により、貧困などの社会問題がかえって深刻化した、との批判があります。しかし、株価の先見性を踏まえれば、どの政策が評価されたか、歴史が証明してくれます。

危機が展開する局面で、株価反転のきっかけはやはり、当局の政策対応です。この歴史があるからこそ、歴史に学ぶ投資家は、金融危機が起こっても、「継続投資すべきであり、新たな投資のチャンス」とのぶれない投資軸を持つことができるのです。

ただし、歴史は繰り返すと言っても、それがいつ、どのように起こるのかを予測することは難しいものです。だからこそ、ある資産が下落しても、それをカバーできるように、資産を分散して保有することが大切です。日本の資産、米国の資産、欧州の資産、アジアの資産などをグローバルに分散して長期保有することで、分散効果が発揮され、景気循環や資産価格変動の波による影響を少なくすることができます。着実に資産を形成するには「グローバルに」「分散して」「長期にわたって継続的に」投資することに如くものはありません。気の遠くなる話ですが、国連によれば、世界の人口は現在の約73億人から2050年には97億人、さらに2100年には112億人と予想されています。この過程で、食糧、環境、伝染病など克服すべき課題が多く立ちはだかるのは明らかでしょう。

自然の摂理を謙虚に受け止め、時として人間のなせる業には目を配る必要がありますが、人間の「知恵」が課題を克服し、世界を良い方向へ導いてきたことも事実でしょう。世界の人口が増える、またその過程でさまざまな技術が発見されるとの大局観に立てば、世界経済は成長し続けますし、世界の株式市場も拡大し続けると思います。

また、日本人はとかく自己否定しがちですが、世界は、日本、そして日本人を評価しています。これは米英に暮らした私の体感です。「災いを転じて福と為す日本」の「歴史」を踏まえながら、前を向いて歩みたいものです。

今こそ「危機の歴史に学ぶ」ことが大切ではないでしょうか。

最後に、本書の着想、調査から査読に至るまでサポートしていただいた野村證券投資情報部の竜沢俊彦部長をはじめ、同部員各位に、あらためて御礼申し上げます。

佐々木文之

執筆者

（注）執筆当時は野村證券投資情報部所属。

竜沢俊彦	資産形成の中心となる株式、日本のバブル崩壊と不良債権問題
山口正章	アルゼンチン危機、メキシコ通貨危機
榎本　豊	ジョン・ローとミシシッピ事件、南海泡沫事件
服部哲郎	ソロス対英国中銀
品田民治	米国のサブプライム問題・リーマンショック、欧州財政危機
伊藤高志	共産圏の崩壊
井上政則	グローバル分散投資の効用
若生寿一	証券不況、昭和恐慌
美和　卓	日本のバブル崩壊と不良債権問題
村山　誠	米国のITバブル
尾畑秀一	日本のバブル崩壊と不良債権問題
岡田公現	世界大恐慌、オイルショック
小高貴久	アジア通貨危機、ロシア危機、LTCMショック
桑原真樹	ニクソンショック
佐々木文之	編集、欧州財政危機、中南米累積債務問題、S&L危機、ブラックマンデー、ほか

［データなどの編集協力］

伊部俊哉	ニクソンショック
成川友裕	ソロス対英国中銀
西口祐平	中南米累積債務問題、S&L危機
山口智也	アジア通貨危機

掲載写真クレジット

Bettmann/CORBIS/amanaimages, Bob E. Daemmrich/Sygma/Corbis/amanaimages, Brooks Kraft/Sygma/Corbis/amanaimages, CHARLES PHELPS CUSHING/Corbis/amanaimages, Corbis/amanaimages, Diego Goldberg/Sygma/Corbis/amanaimages, dpa/Corbis/amanaimages, Everett Collection/amanaimages, Greg Marinovich/Sygma/Corbis/amanaimages, Igor Kostin/Sygma/Corbis/amanaimages, James Leynse/Corbis/amanaimages, John Stanmeyer/VII/Corbis/amanaimages, JP Laffont/Sygma/Corbis/amanaimages, Leemage/Corbis/amanaimages, MABANGLO/SIPA/amanaimages, Mark Peterson/Corbis/amanaimages, Mark Reinstein/Corbis/amanaimages, Najlah Feanny/CORBIS SABA/amanaimages, Pascal Le Segretain/Sygma/Corbis/amanaimages, Peter Turnley/Corbis/amanaimages, Polaris/amanaimages, Richard Baker/In Pictures/Corbis/amanaimages, Richard Ellis/Demotix/Corbis/amanaimages, Rick Maiman/Sygma/Corbis/amanaimages, Robert Geiss/dpa/Corbis/amanaimages, Ron Sachs/Corbis/amanaimages, Ron Sachs/CNP/Corbis/amanaimages, Sergio Dorantes/Sygma/Corbis/amanaimages, Steve Raymer/CORBIS/amanaimages, Thierry Orban/Sygma/Corbis/amanaimages, TWPhoto/Corbis/amanaimages, UPI/amanaimages, Wally McNamee/CORBIS/amanaimages, ZUMA Press/amanaimages, 共同通信社/amanaimages, 朝日新聞社/amanaimages, ロイター＝共同

Savings and Loan Crisis," *FRB of Richmond Economic Review,* Vol.76, No.2, 1990
National Bureau of Economic Research, NBER Macrohistory Database
OCC,"OCC Bank Derivatives Report Fourth Quarter 1999"
OCC,"OCC Bank Derivatives Report Fourth Quarter 2000"
Presidential Task Force on Market Mechanisms, *Report of the Presidential Task Force on Market Mechanisms,* 1988
The Congress of the United States Congressional Budget Office,"The Economic Effects of the Savings & Loan Crisis,"Report, 1992
Timothy Curry and Lynn Shibut,"The Cost of the Savings and Loan Crisis: Truth and Consequences," *FDIC Banking Review,* Vol.13, No.2, 2000
U.S. Securities and Exchange Commission Division of Market Regulation,"The October 1987 Market Break,"1988

MSCIについて

・分析に利用したデータ

国内短期資産：有担保コール翌日物
国内債券：NOMURA-BPI指数（総合）
国内株式：TOPIX（配当込み）（1989年1月以前は、TOPIXと東証1部平均利回りから計算）
外国債券（為替ヘッジなし）：シティ・グループ世界国債指数（除く日本：円ベース）
外国債券（為替ヘッジあり）：シティ・グループ世界国債指数（除く日本：円ヘッジベース）
外国株式（為替ヘッジなし）：MSCI-KOKUSAI（配当込み：円ベース）
外国株式（為替ヘッジあり）：MSCI-KOKUSAI（配当込み：円ヘッジベース）

・MSCIデータの利用に関する注意事項

本資料中に含まれるMSCIから得た情報はMSCI Inc.（「MSCI」）の独占的財産です。MSCIによる事前の書面での許可がない限り、当該情報および他のMSCIの知的財産の複製、再配布あるいは指数などのいかなる金融商品の作成における利用は認められません。当該情報は現状の形で提供されています。利用者は当該情報の利用に関わるすべてのリスクを負います。これにより、MSCI、その関連会社または当該情報の計算あるいは編集に関与あるいは関係する第三者は当該情報のすべての部分について、独創性、正確性、完全性、譲渡可能性、特定の目的に対する適性に関する保証を明確に放棄いたします。前述の内容に限定することなく、MSCI、その関連会社、または当該情報の計算あるいは編集に関与あるいは関係する第三者はいかなる種類の損失に対する責任をいかなる場合にも一切負いません。MSCIおよびMSCI指数はMSCIおよびその関連会社のサービス商標です。

Times, May 12, 2010

Barry J. Eichengreen, *Globalizing Capital: A History of the International Monetary System*, Princeton University Press, 2008

Celetin Bohlen,"Russia Acts to Fix Sinking Finances,"*The New York Times*, August 18, 1998

European Commission,"Economic Crisis in Europe: Causes, Consequences and Responses," *European Economy* 7, 2009

Financial Crisis Inquiry Commision, *The Financial Crisis Inquiry Report*, 2011

FRB, "Remarks by Chairman Alan Greenspan," At the Annual Dinner and Francis Boyer Lecture of the American Enterprise Institute for Public Policy Research, 1996

GAO,"Long-Term Capital Management: Regulators Need to Focus Greater Attention on Systemic Risk," GAO/GGD-00-3, 1999

GAO,"Responses to Questions Concerning Long-Term Capital Management and Related Events," GAO/GGD-00-67R, 2000

Hyman P. Minsky,"The Financial Instability Hypothesis," Working Paper No.74, 1992

IMF,"IMF Approves Stand-by Credit for Russia," Press Release No.95/21, 1995

IMF,"IMF Approves Three-Year EFF Credit for the Russian Federation,"Press Release No.96/13, 1996

IMF,"Russian Federation Accepts Article VIII Obligations,"Press Release No.96/29, 1996

IMF,"Management Welcomes Board Decision to Provide Additional Credits for Russia," *IMF Survey*, Vol.27, No.15, 1998

IMF,"Russian Federation: Recent Economic Developments,"IMF Staff Country Report No.99/100, 1999

John E. Sandrock,"John Laws' Banque Royale and the Mississippi Bubble,"2010

League of Nations, *Statistical Yearbook of the League of Nations*, Northwestern University Library

Mark Blyth,"The Austerity Delusion: Why a Bad Idea Won Over the West,"*Foreign Affairs*, May/June 2013

Mark Carlson, *A Brief History of the 1987 Stock Market Crash with a Discussion of the Federal Reserve Response*, 2006

Mark Drabenstott, Alan Barkema, and David Henneberry,"The Latin American Debt Problem And U.S. Agriculture,"*Economic Review*, July/August 1988

Mark L. Mitchell and Jeffry M. Netter, *Triggering the 1987 Stock Market Crash*, 1989

Masaaki Kuboniwa, "Russian Growth Path and TFP Changes in Light of the Estimation of Production Function using Quarterly Data," RRC Working Paper Series No.30, 2011

Maurice L. Farrell ed., *The Dow Jones Averages 1885-1970*, Dow Jones, 1972

Michael Dotsey and Anatoli Kuprianov,"Reforming Deposit Insurance: Lessons from the

ハリス・デラス、ベザット・ダイバ、ピーター・ガーバー「破綻金融機関処理」『金融研究』第15巻第3号、1996年
藤井健司『金融リスク管理を変えた10大事件』きんざい、2013年
淵上隆「サパティスタ民族解放軍とチアパス和平交渉」『ラテンアメリカレポート』第13巻第2号、1996年
平成金融危機への対応研究会「平成金融危機への対応」『預金保険研究』第4号、2005年
ベン・S・バーナンキ『大恐慌論』栗原潤・中村亨・三宅敦史訳、日本経済新聞出版社、2013年
細野健二・塩澤健一郎「アルゼンチン」『開発金融研究所報』第26号、2005年
細谷雄一編『イギリスとヨーロッパ』勁草書房、2009年
ポール・ブルースタイン『IMF（上・下）』東方雅美訳、楽工社、2013年
前田直哉「戦間期ポンド・ドル二極通貨体制の教訓」『龍谷大学経済学論集』第43巻第2号、2003年
松井謙一郎「アルゼンチン危機（2001〜02年）の経験」国際通貨研究所、2010年
松島茂・竹中治堅編『日本経済の記録（歴史編）第3巻』佐伯印刷、2011年
マーティン・ウルフ『シフト&ショック』遠藤真美訳、早川書房、2015年
楝近みどり「メキシコ債務危機の構造」『国際経済環境と経済調整』堀内昭義編、日本貿易振興機構・アジア経済研究所、1990年
毛利良一「ブレイディ新債務戦略と国際金融協会」『日本福祉大学経済論集』第4号、1992年
矢部洋三・古賀義弘・渡辺広明・飯島正義編著『新訂 現代日本経済史年表』日本経済評論社、2001年
山岡道男・淺野忠克『アメリカの高校生が読んでいる金融の教科書』アスペクト、2009年
山下元「IMFと資本収支危機」『開発金融研究所報』第21号、2004年
山下元「IMFとアルゼンチン」『開発金融研究所報』第28号、2006年
米倉茂「大恐慌時の英国通貨政策」『佐賀大学経済論集』第36巻第5号、2004年
ライアカット・アハメド『世界恐慌（上・下）』吉田利子訳、筑摩書房、2013年
ロジャー・ローウェンスタイン『最強ヘッジファンドLTCMの興亡』東江一紀・瑞穂のりこ訳、日本経済新聞出版社、2005年
若田部昌澄「昭和恐慌をめぐる経済政策と政策思想」ESRI Discussion Paper Series No.39、2003年
和田聡子・里麻克彦「欧州における金融・財政危機の要因と経緯」『大阪学院大学経済論集』第26巻1号、2012年

Abbigail Chiodo and Michael T. Owyang, “A Case Study of a Currency Crisis: The Russian Default of 1998,” *Federal Reserve Bank of St. Louis Review,* Vol.84, No.6, 2002
Andrew E. Kramer,“The Euro in 2010 Feels Like the Ruble in 1998,”*The New York*

小峰隆夫編『日本経済の記録（歴史編）第2巻』佐伯印刷、2011年
小宮山涼一「最近の原油価格高騰の背景と今後の展望に関する調査」一般財団法人日本エネルギー経済研究所、2005年
酒井明司『ロシアと世界金融危機』東洋書店、2009年
佐藤猛「ブラック・マンデーが提起した課題の今日的意義」『証券経済学会年報』第49号別冊、2015年
志田仁完「ソ連構成共和国の家計統計データベースの再構築」RRC Working Paper Series No.29、2011年
清水貞俊「欧州通貨制度（EMS）の発足とその運営について」『立命館経済学』第30巻第3・4・5合併号、1981年
清水啓典「国際通貨制度の諸課題」一般社団法人全国銀行協会、2013年
ジョン・K・ガルブレイス『大暴落1929』村井章子訳、日経BP社、2008年
総務省『情報通信白書 平成15年版』
高田裕憲「ブラジルにおける開発政策と累積債務問題」『商学論集』（福島大学）第59巻第6号、1991年
高橋亀吉『大正昭和財界変動史（上・中・下）』東洋経済新報社、1954〜55年
滝川好夫「市場型間接金融の落とし穴」『国民経済雑誌』第196巻第6号、2007年
チャールズ・P・キンドルバーガー『大不況下の世界』石崎昭彦・木村一朗訳、東京大学出版会、1982年
チャールズ・P・キンドルバーガー、R・Z・アリバー『熱狂、恐慌、崩壊—金融危機の歴史』高遠裕子訳、日本経済新聞出版社、2014年
塚崎公義『なぜ、バブルは繰り返されるか？』祥伝社、2013年
富田俊基『国債の歴史』東洋経済新報社、2006年
内閣府「アルゼンチン」（海外経済報告）、2002年
内閣府『平成25年度 年次経済財政報告書』
中村隆英『昭和恐慌と経済政策』講談社、1994年
新岡智「スタグフレーションと財政政策の限界」『経済系』第205集、2000年
ニコラス・ダンバー『LTCM伝説』寺澤芳男監訳、東洋経済新報社、2001年
西村陽造「欧州財政危機の教訓」『政策科学』第19巻第1号、2011年
西村可明・岩﨑一郎・杉浦史和「ロシア経済体制転換の15年」RRC Working Paper Series No.4、2007年
日本銀行「ヘッジファンドと国際金融市場」2007年
日本銀行金融研究所『日本金融年表』1993年
日本銀行調査統計局「欧州通貨制度（EMS）の現状と今後の展望」『日本銀行調査月報』1981年3月号
日本銀行百年史編纂委員会編『日本銀行百年史（全6巻）』1982〜86年
『日本経済新聞縮刷版（昭和40年）』
原和明「米国における銀行破綻処理」『預金保険研究』第10号、2009年

相田洋・茂田喜郎『NHKスペシャル マネー革命〈第2巻〉金融工学の旗手たち』NHK出版、2007年
相田洋・宮本祥子『NHKスペシャル マネー革命〈第1巻〉巨大ヘッジファンドの攻防』NHK出版、2007年
アジア経済研究所編「メキシコの通貨危機とアジアへの教訓」アジア経済研究所、1995年
アーチー・ブラウン『共産主義の興亡』下斗米伸夫監訳、中央公論新社、2012年
アメリカ合衆国大統領経済諮問委員会『アメリカ経済白書(1982年版)』経済企画庁調査局監訳、大蔵省印刷局、1982年
アラン・グリーンスパン『波乱の時代(上・下)』山岡洋一・高遠裕子訳、日本経済新聞出版社、2007年
有沢広巳監修『日本証券史(1・2)』日本経済新聞出版社、1995年
アンドレイ・イラリオーノフ「1995年におけるロシアの通貨安定政策」経済企画庁経済研究所、1996年
池尾和人編『不良債権と金融危機』慶應義塾大学出版会、2009年
板谷敏彦『金融の世界史』新潮社、2013年
伊藤隆俊「IMFの役割、危機事前阻止に変化」『日本経済研究センター会報』2007年6月号
伊藤正直「昭和初年の金融システム危機」IMES Discussion Paper Series No. 2001-J-24、2001年
井上博「ベーカー構想とブレイディ提案(2)」『経済論叢』第145巻第3号、1990年
今田寛之「1929〜33年世界大恐慌について」『金融研究』第7巻第1号、1988年
井本沙織「ロシアの構造改革」ESRI Discussion Paper Series No.163、2006年
上垣彰「ロシア連邦の対外経済関係」内閣府経済社会総合研究所、2001年
宇佐美耕一「経済危機後のアルゼンチン」『ラテンアメリカレポート』第22巻第2号、2005年
翁百合『不安定化する国際金融システム』NTT出版、2014年
行天豊雄『円の興亡「通貨マフィア」の独白』朝日新聞出版、2013年
桑原小百合「2つの通貨危機」『ラテン・アメリカ論集』第33号、1999年
経済企画庁『経済白書』各年版
経済企画庁『昭和54年 年次世界経済報告』
経済産業省経済産業政策局調査課「国内外で存在感を高めるヘッジファンドの実態調査報告書」2008年
小西宏美「1920年代アメリカ新興製造業部門の独占利潤と内部資金」『立命館国際関係論集』第2号、2002年
小林章夫『おどる民だます国』千倉書房、2008年

野村證券投資情報部

個人投資家向けに幅広い情報を発信している。グローバルに有望な個別銘柄を紹介する「Nomura21 Global」、中期的な視点に立ったグローバルなアセットアロケーションを推奨する「月刊資産管理」などの旗艦レポートを作成している。毎年1月には「新春野村投資セミナー」、7月には「野村のサマー投資セミナー」、その他「株式セミナー」や「月刊資産管理セミナー」を全国の支店で開催し、資産形成・管理の普及に努めている。また、全国の大学における金融教育講座（寄付講座）、地方自治体などが実施するライフプランセミナー、各地の公民館・市民センターなどの証券学習講座や受講生参加型のワークショップ型セミナーなどを企画、開催し、投資教育の普及にも努めている。

賢者の投資
金融危機の歴史に学ぶ

2015年12月25日発行

監修者――古賀信行
編著者――佐々木文之
発行者――山縣裕一郎
発行所――東洋経済新報社
〒103-8345　東京都中央区日本橋本石町1-2-1
電話＝東洋経済コールセンター　03(5605)7021
http://toyokeizai.net/

装　丁…………吉住郷司
D T P…………アイランドコレクション
印刷・製本……大日本印刷
編集担当………水野一誠

ISBN 978-4-492-73331-8